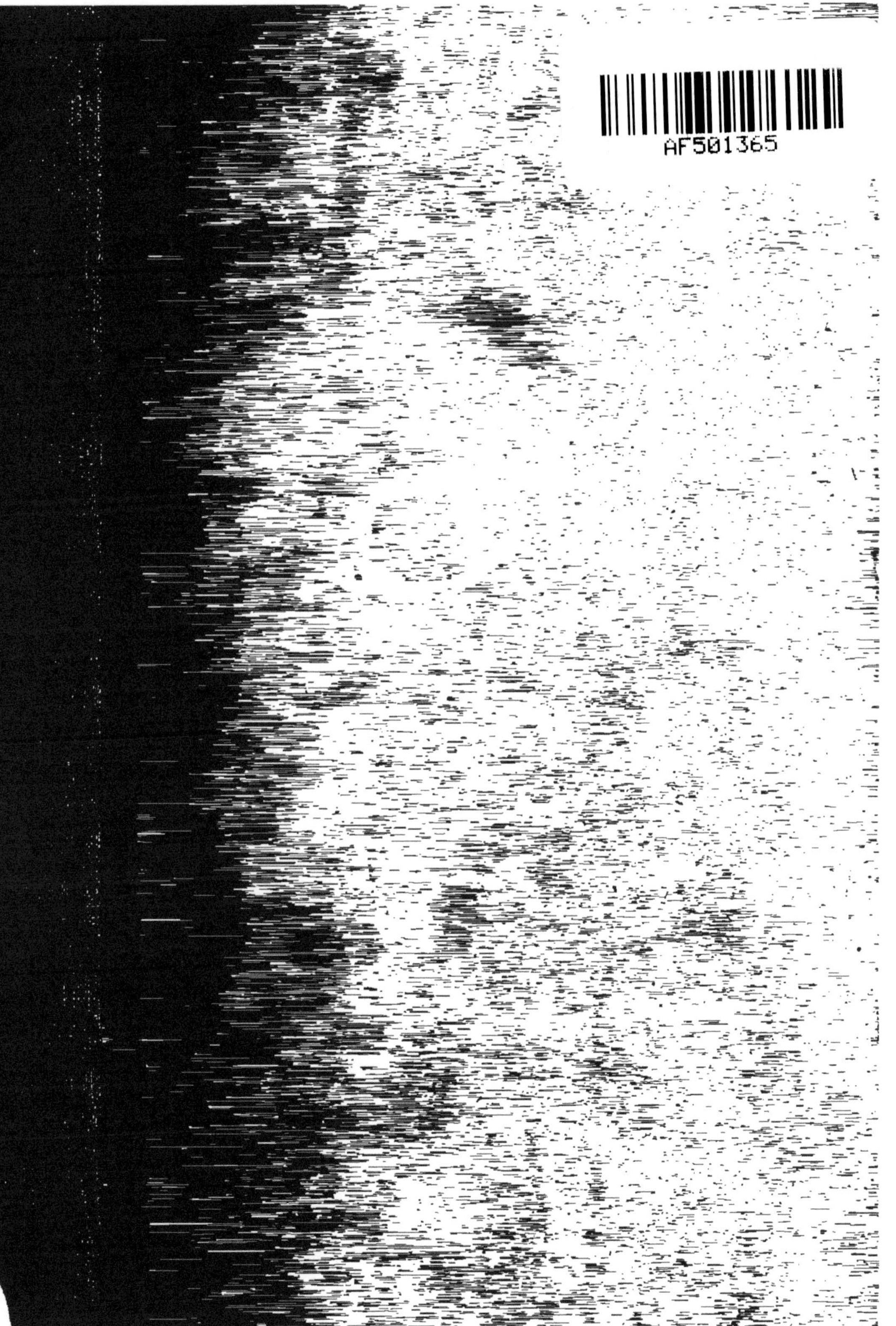

MOREAU

ET SA

DERNIÈRE CAMPAGNE,

ESQUISSE HISTORIQUE,

Par un Officier de son Etat-major, à l'armée du Rhin;

TRAD. DE L'ALLEMAND.

> Pleurez donc ce grand Capitaine, et dites en gémissant: Voilà celui qui nous menait dans les hasards; sous lui se sont formés tant de renommés Capitaines que ses exemples ont élevés aux premiers honneurs de la guerre..... Pleurez sur cette triste immortalité que nous donnons aux héros.
>
> BOSSUET.

A PARIS,

THOMINE, Libraire, quai des Augustins, n°. 39;

A METZ,

DEVILLY, Libraire, rue du Petit-Paris.

DE L'IMPRIMERIE DE C. LAMORT.

1814.

AVERTISSEMENT.

Il y a près de trois ans que j'ai eu l'occasion de considérer de près le général Moreau. Il était alors à Paris. J'appris à le connaître comme homme privé pendant qu'il était méconnu et disgracié par le Gouvernement. Je le retrouvai en Italie, lorsqu'on lui faisait jouer à cette armée un rôle totalement nul; j'ai servi ensuite sous ses ordres, et j'ai fait la dernière campagne de l'armée du Rhin dans son état-major.

Si ces détails sont suffisans pour que j'ose prétendre à quelque confiance, je puis me flatter que le lecteur ne rejettera pas cet écrit; il y reconnaîtra bientôt le type de la vérité, et il y découvrirait des erreurs, qu'il ne pourrait pas les attribuer à la partialité. Mais je conviens qu'il serait en droit d'exiger plus de soins dans l'exécution du plan que je me suis proposé. Je sens combien peu sous ce rapport j'ai tenu ma promesse; je ne puis m'excuser qu'en alléguant mes nombreuses occupations et le peu de temps dont elles me permettent de disposer. Pour satisfaire l'impatience du lecteur aussi vîte que cela était en mon pouvoir, j'ai sacrifié mon amour-propre; j'aurais tâché de donner moins de prise à la critique si les circonstances ne m'eussent entraîné.

L'Auteur.

Munich, le 2 février 1801.

PRÉFACE DU TRADUCTEUR.

Cet ouvrage a paru en Allemagne en 1801, sous le titre de : *Moreau und sein Letzte Feldzug* (Moreau et sa derniere Campagne), parce que c'est à la campagne d'Hohenlinden que l'auteur s'est principalement attaché. Ce titre conservé dans la traduction, ne peut faire équivoque avec la campagne de 1813; à peine Moreau y parut-il ? L'auteur ne s'est point nommé, et nous ne cherchons point à soulever le voile dont il s'est couvert. Pourquoi a-t-il écrit en allemand ? Nous l'ignorons.

L'écrit original n'a point été connu en France, où la langue allemande est généralement peu cultivée, et où l'on ne traduit guères que des romans nés dans l'atelier d'Auguste Lafontaine ; il porte pour épigraphe cette phrase de Necker : *Il arriva que le bonnet de grenadier effaça la honte du bonnet rouge ;* je ne l'ai pas conservée.

La traduction présentée aujourd'hui au public, n'a pu paraître pendant les longues années de servitude que la France, notre belle et noble patrie a si douloureusement traversées ; ce n'est pas que l'écrivain ait attaqué Buonaparte ; mais le nom de Moreau n'aurait pu être attaché au titre d'un écrit historique, sans que le gouvernement s'en alarmât. Les temps sont arrivés où l'on n'enchaîne plus la pensée, où l'on ne présente plus à la louange une idole que la France a enfin brisée, où la reconnaissance publique veut découvrir les trophées élevés à Moreau et trop long-temps voilés. L'envie, le pouvoir absolu ont pu l'exiler de sa patrie ; mais ils n'ont pu flétrir ses lauriers. Le nom de Victor Moreau, de l'ami de Desaix, de Pichegru et du comte Dessolles, de ce modèle presque unique dans l'histoire de la modestie unie aux talens les plus éminens, ira pur à la postérité, qui s'indignera comme nous-mêmes, qu'on ait osé traîner ce grand homme sur le banc des criminels.

Un jour, un écrivain digne de lui, élevera un monument à sa gloire. Heureux le biographe à qui cette tâche honorable est réservée par la muse de l'histoire ! Son nom vivra. Agricola et Tacite sont inséparables dans la mémoire des hommes. Pour nous qui avons trouvé sur une terre étrangère une pierre élevée en l'honneur de Moreau, nous avons long-temps conservé ce dépôt, précieux par le nom qui y était tracé. Cette pierre entrera un jour dans l'édifice que nos vœux appellent. Nous l'offrons, en ce moment, isolée et sans ornement ; nous l'offrons aux amis de la gloire de la France, aux amis de la vérité.

L'auteur nous dit : Je l'ai vu, j'ai vécu avec lui, j'ai servi sous ses ordres, j'ai partagé ses dangers, je le peins tel que je l'ai connu. Il dit la vérité toute entière. Là, il blâme la réticence d'un général qu'il aime, qu'il estime, mais à qui il ne tait point un reproche. Là, il désapprouve une entreprise non autorisée ; ailleurs il ajoute, d'après ses propres notions, aux motifs qui furent publiés sur la nécessité de l'armistice de *Steyer*. Nulle part on ne trouve une relation aussi claire, aussi détaillée de la fameuse journée d'*Hohenlinden*. Cela seul rend précieuse cette esquisse historique.

Que l'on ne pense point que cet amour de la vérité dégénère en licence. Cet écrit n'est point un pamphlet. L'auteur est toujours décent, toujours modéré, toujours simple. Rappelons-nous que cet écrit parut en 1801. Dès-lors sans doute Buonaparte n'aimait pas Moreau, et celui-ci devait s'apercevoir qu'il ne régnait entr'eux aucune sympathie, aucun rapport d'humeur, de goûts, de passions. D'un côté, un Breton franc, loyal, modeste ; un Français enfin doué du caractère, des vertus propres à notre nation et qui l'élèvent au-dessus de toutes les autres ; de l'autre, un Corse ! une telle alliance pouvait-elle durer ? Déjà pourvu de la première place de l'Etat, l'un, sous un titre que nous croyions modeste, parce qu'il ne nous rappelait qu'un souvenir puisé dans la République romaine, au temps de sa gloire la plus pure, aspirait déjà à plus de durée, à plus d'étendue, à plus d'éclat dans sa puissance. L'autre, dépourvu d'ambition, ne portait en lui que le sentiment d'une autorité légitime, dirigée, modérée par les lois. Ils se ménageaient réciproquement. Notre auteur imite son héros; il ménage le premier Consul; mais quelques phrases laissent percer le mécontentement. Dans le blâme, dans la louange, on ne peut douter que l'auteur ne parle suivant sa conscience et son cœur. Son langage n'est point apprêté; ce n'est point un rhéteur qui parle, mais un militaire instruit. N'exigez pas de lui l'art qu'acquiert par l'usage un écrivain de profession. Pour peindre Moreau, faut-il des phrases ambitieuses? non, sans doute. Quand son éloge funèbre sera prononcé dans nos temples, que l'orateur sacré prenne bien la couleur qui sied à son sujet, qu'il soit simple. Mais cet éloge existe déjà dans notre littérature. Moreau qui a vécu et qui est mort comme Turenne, est peint par le panégyriste de ce héros. Ecoutez Fléchier dans le portrait immortel qu'il nous a laissé « d'un homme sage, modeste, » libéral, désintéressé, dévoué au ser- » vice du prince et de sa patrie, grand » dans l'adversité par son courage, dans » la prospérité par sa modestie, dans les » difficultés par sa prudence, dans les » périls par sa valeur ». Il s'était fait, *dit l'Évêque de Nîmes*, « une espèce de » morale militaire qui lui était propre. » Il n'avait pour toute passion que l'af- » fection pour la gloire du Roi, le désir » de la paix et le zèle du bien public. Il » n'avait pour ennemis que l'orgueil, » l'injustice et l'usurpation. Il était ac- » coutumé à combattre sans colère, à » vaincre sans ambition, à triompher » sans vanité, et à ne suivre pour règle » de ses actions que la vertu et la sages- » se..... Quelle vie a-t-il exposée pour son » intérêt ou pour sa propre réputation ? » Quel soldat n'a-t-il pas ménagé comme » un sujet du Prince et une portion de » la République ? Quelle goutte de sang » a-t-il répandue qui n'ait servi à la cause

» commune ?.... On l'a vu gémir de ces
» maux nécessaires que la guerre traîne
» après soi, que le temps force de dissi-
» muler, de souffrir et de faire..... Il
» cherchait à soumettre les ennemis,
» non à les perdre. Il eût voulu pouvoir
» attaquer sans nuire, se défendre sans
» offenser, et réduire au droit et à la
» justice ceux à qui il était obligé par
» devoir de faire violence...... Y eut-il
» jamais un homme plus sage et plus
» prévoyant, qui conduisît une guerre
» avec plus d'ordre et de jugement, qui
» eût plus de précautions et plus de res-
» sources ; qui fût plus agissant et plus
» retenu ; qui disposât mieux toutes cho-
» ses à leur fin, et qui laissât mûrir ses
» entreprises avec tant de patience ?.....
» Quelle matière fut jamais plus dispo-
» sée à recevoir tous les mouvemens d'une
» grave et solide éloquence ? où brillent
» avec plus d'éclat les effets glorieux de
» la vertu miliraire, conduites d'armées,
» siéges de places, prises de villes, pas-
» sages de rivières, attaques hardies,
» retraites honorables, campemens bien

» ordonnés, combats soutenus, batailles
» gagnées, ennemis vaincus, dispersés
» par l'adresse, lassés et consommés
» par une sage et modeste patience ?

» Il distinguait le temps d'attaquer et
» celui de défendre. Il ne hasardait ja-
» mais rien que lorsqu'il avait beaucoup
» à gagner, et qu'il n'avait presque rien
» à perdre. Lors même qu'il semblait
» céder, il ne laissait pas de se faire
» craindre. Telle était enfin son habi-
» leté que, lorsqu'il vainquait, on ne
» pouvait en attribuer l'honneur qu'à
» sa prudence.... *

» *Sa* sagesse était la source de tant
» de prospérités éclatantes. Elle entrete-
» nait cette union des soldats avec leur
» chef qui rend une armée invincible;
» elle répandait dans les troupes un es-
» prit de force, de courage et de con-
» fiance qui leur faisait tout souffrir,

---

* La fin de cette phrase : *Et lorsqu'il était vaincu, on ne pouvait en imputer la faute qu'à la fortune*, ne peut être appliquée à Moreau, qui n'a jamais été battu. Quelle victoire vaut sa retraite ?

» tout entreprendre dans l'exécution de
» ses desseins : elle rendait enfin des hom-
» mes grossiers capables de gloire......

» Il attacha par des nœuds de respect
» et d'amitié ceux qu'on ne retient or-
» dinairement que par la crainte..... et
» se fit rendre par sa modération, une
» obéissance aisée et volontaire. Il parle,
» chacun écoute ses oracles ; il comman-
» de, chacun avec joie suit ses ordres ;
» il marche, chacun croit courir à la
» gloire....... Par quelle invisible chaîne
» entraînait-il ainsi les volontés? par
» cette bonté avec laquelle il encoura-
» geait les uns, il excusait les autres et
» donnait à tous les moyens de s'avancer,
» de vaincre leur malheur ou de répa-
» rer leurs fautes ; par ce désintéresse-
» ment qui le portait à préférer ce qui
» était plus utile à l'état à ce qui pou-
» vait être plus glorieux pour lui-même ;
» par cette justice qui, dans la distribu-
» tion des emplois, ne lui permettait pas
» de suivre son inclination au préjudice
» du mérite ; par cette noblesse de cœur
» et de sentimens qui l'élevait au-dessus

» de sa propre grandeur, et par tant d'au-
» tres qualités qui lui attiraient l'estime
» et le respect de tout le monde. Que j'en-
» trerais volontiers dans les motifs et dans
» les circonstances de ses actions ! que
» j'aimerais à vous montrer une conduite
» si régulière et si uniforme, un mérite
» si éclatant et si exempt de faste et d'os-
» tentation ; de grandes vertus produites
» par des principes encore plus grands ;
» une droiture universelle qui le portait
» à s'appliquer à tous ses devoirs et à les
» réduire tous à leurs fins justes et natu-
» relles, et une heureuse habitude d'être
» vertueux, non pas pour l'honneur, mais
» pour la justice qu'il y a de l'être!......

» Il ne fit que changer de vertus,
» quand la fortune changeait de face :
» heureux sans orgueil, malheureux
» avec dignité, et presqu'aussi admira-
» ble lorsqu'avec jugement et avec fierté
» il sauvait les restes des troupes battues
» à * Mariendhal, que lorsqu'il battait

---

* A Mariendal, substituez *Novi*, où Moreau sauva l'armée défaite du brave et malheureux Joubert, qui y perdit la vie.

» lui-même les Impériaux et les Bava-
» rois, et qu'avec des troupes triom-
» phantes, il forçait toute l'Allemagne
» à demander la paix à la France.

« Il aurait manqué quelque chose à sa
» gloire, si, trouvant par-tout tant d'ad-
» mirateurs, il n'eût fait *un* envieux. Telle
» est l'injustice des hommes, la gloire la
» plus pure et la mieux acquise les blesse.
» Tout ce qui s'élève au-dessus d'eux leur
» devient odieux et insupportable ; et la
» fortune la plus approuvée et la plus mo-
» deste n'a pu se sauver de cette lâche
» et maligne passion. C'est la destinée
» des grands hommes d'en être attaqué...

. . . .
. . . .
. . . .

« La providence divine nous cachait un
» malheur plus grand que la perte d'une
» bataille. Il en devait coûter une vie que
» chacun de nous eût voulu racheter de
» la sienne propre..... N'attendez pas que
» j'ouvre ici une scène tragique;........

» que je découvre ce corps pâle et sanglant, auprès duquel fume encore la foudre qui l'a frappé..... Citoyens, étrangers, ennemis, Peuples, Rois, Empereurs le plaignent et le révèrent...... Il vivra... dans l'esprit et dans la mémoire des hommes. »

Finem epistolae faciam, ut facere possim etiam lacrymis, quas epistola expressit.

Plin. Ep.

. . . .

Août 1814.

MOREAU

ET SA

DERNIÈRE CAMPAGNE.

TANDIS que la plus terrible guerre civile ravageait l'intérieur de la France, que des monstres comme Robespierre et ses complices faisaient conduire par centaines leurs victimes à l'échafaud, que l'esprit de parti, mu par la soif de la persécution, dévastait de proche en proche les plus belles contrées, et les métamorphosait en affreux déserts frappés par la malédiction céleste, les armées françaises, inébranlables comme un roc qu'aucune force humaine ne peut mouvoir, protégeaient, gardaient, sans jamais perdre de vue leurs devoirs, les habitans de la France contre l'ennemi extérieur, et couvraient leurs fronts de lauriers immortels bien mérités. Dans cette nation homicide les armées seules ne prenaient point part aux scènes d'horreur que chaque jour voyait naître ; elles osaient les condamner hautement.

La guillotine pouvait-elle effrayer des hommes accoutumés à avoir chaque jour la mort devant les yeux ? Maximilien Robespierre, malgré sa dépravation, malgré l'exaspération de sa rage, devait s'apercevoir combien les troupes avaient horreur de ses sanguinaires décrets, et combien elles étaient éloignées de les exécuter. Les armées semblaient s'être imposé la loi de suivre les principes de l'humanité aussi rigoureusement qu'on les désavouait et qu'on les foulait aux pieds, dans Paris.

Au commencement de cette épouvantable guerre, au moment où l'ivresse de la liberté avait déjà mis les têtes dans la plus vive effervescence, que de toutes les parties de la France, la jeunesse volant en foule à la défense des frontières, s'y battait en fanatique, on vit quelquefois aux armées des événemens qu'on doit maintenant couvrir du voile le plus épais, quoiqu'on les ait vus le plus souvent se terminer par l'union des deux partis : cette abnégation, en quelque sorte forcée de l'humanité, disparut rapidement ; bientôt, sous la conduite d'hommes illustres et rares, l'on vit les maximes imprescriptibles du droit des gens, la générosité française et des ménagemens pour les vaincus reprendre leur empire dans toute leur force, et être considérés comme des devoirs sacrés.

C'est parmi ces grands hommes que Moreau a les droits les mieux fondés et les plus incontestables à prendre la première place, Moreau, que la postérité regardera avec étonnement, à qui elle érigera des monumens et qu'elle élevera comme le phénomène le plus rare dans le monde moral, au-dessus de tous les héros qu'on considère actuellement comme ses égaux.

Originaire de Rennes, d'une famille roturière, il fut destiné dès sa plus tendre jeunesse à un état dans lequel, sous l'ancien gouvernement, il n'aurait pu s'attirer quelque réputation que par les efforts les plus soutenus; et comment alors se serait-on imaginé qu'un bourgeois pût un jour tellement s'avancer qu'il obscurcît les Condé et les Turenne? Tout ce que ses parens, ses amis, et lui-même pouvaient attendre de son génie, en supposant que la fortune le favorisât, était une place au parlement, ou la réputation d'un Linguet.

D'ailleurs, son ambition devait uniquement se laisser guider par les vœux de ses parens. Vouloir s'élever au-dessus de leurs prétentions, eut été folie ou la plus grande témérité ; pour l'entreprendre, Moreau était trop modeste. Il connaissait sa situation, il savait à quelle occupation il était destiné ; et se bornant à ce cercle d'opérations, il voulait que ses efforts lui en fissent connaître l'élévation à laquelle il n'osait prétendre que par des moyens avoués par la sagesse. Il s'adonna donc à l'étude du droit ; je ne puis assurer s'il y fut porté par son goût, ou s'il céda seulement aux désirs de sa famille.

Incapable sans doute de faire quelque chose de médiocre, Moreau s'était déjà distingué dans les colléges par son application, sa pénétration, et sa supériorité sur tous ses condisciples. Il s'attira de bonne heure l'attention et l'estime de ses professeurs et de ses chefs ; il s'acquit en même temps l'amour et la confiance des jeunes gens de sa ville. Dans le sein d'une famille respectable et au milieu d'amis gais et dissipés, il employa à étendre ses connaissances, ces années du passage de l'enfance à l'adolescence, pendant lesquelles on apprend à devenir dans le monde un citoyen utile.

Cependant les germes de la révolution, étendus sur toute la France, commençaient à se développer. Paris donnait l'impulsion : les provinces marchaient sur les traces de la capitale, et soutenaient avec vigueur ce qui y avait été résolu. L'attention des jeunes gens se fixait sur-tout sur les travaux des représentans de la nation. La possibilité de parvenir à sortir un jour d'une lice étroite qui opprimait leur énergie, et de développer des moyens destinés nécessairement dans leur état à rester enfouis, se montrait dans le lointain. Cette perspective leur semblait d'autant plus attrayante qu'elle s'accordait davantage avec la fougue de leur caractère et un secret levain d'ambition. Ils prenaient une part active à tous les événemens, et soutenaient chaque innovation d'autant plus chaudement, qu'elle promettait de les conduire plus près de leur but. Telle était alors la France : ces temps déjà si éloignés remontent à l'époque décevante où la liberté sans hache et sans pique s'offrit à nos regards, accompagnée de la raison et de la justice, et munie, pour principal attribut, de la corne d'abondance.

Hélas! par malheur pour la France, par malheur pour l'Europe entière, ils s'écoulèrent trop rapidement, et je le dis avec douleur, ils n'ont point encore reparu jusqu'à ce moment. L'esprit de trouble et de discussion parvint au comble; les factions s'organisèrent, rivalisant entr'elles d'extravagance, de licence et de cruauté. Pour la ruine de l'Europe et pour la défense de la France on courut de tous côtés aux armes, et bientôt le sang coula par torrent, là, répandu par les mains des assassins, là, par celles des guerriers.

La France convoqua ses jeunes soldats pour la défense de la patrie. Pleins de zèle, ils se précipitèrent de toutes les provinces vers le point le plus éloigné de l'empire, pour s'opposer à l'ennemi qui voulait y pénétrer. Dans les grandes villes il se forma sans retard de nombreux bataillons : chacun se faisait un honneur d'y servir, et les jeunes citoyens, s'ils ne s'y fussent point enrôlés, auraient cru rester redevables des nouveaux droits qu'ils avaient acquis, et n'avoir point rempli les obligations qu'ils leur prescrivaient. Rennes, la patrie du général Moreau, mit un bataillon en campagne. Il en fut nommé le commandant par ses camarades qui étaient ses amis, les compagnons de son enfance. Cela arriva à l'époque où, ayant terminé ses études, il était sur le point de se faire recevoir et d'entrer dans l'ordre des avocats.

Pourvu de connaissances étendues, mais sans expérience dans la carrière que par l'effet des circonstances il était appelé à suivre, il quitta Rennes et gagna les frontières. A l'aide de ses propres réflexions, il saisit le mécanisme de son nouvel état en peu de temps et aussi profondément qu'on pouvait l'attendre de l'état d'alors des armées françaises, et de la promptitude avec laquelle elles avaient été formées et mises sur pied. Son coup d'œil pénétrant et exact, sa tête imperturbable, cette force de génie toujours égale dans tous les événemens, l'aidaient lorsque ses connaissances et son expérience ne lui suffisaient pas. Il fut bientôt connu de ses chefs par son courage et son rare bonheur.

C'est sa réputation qui le fit maintenir dans le grade de chef de bataillon, lorsque les bataillons de volontaires furent incorporés aux troupes de ligne ou formèrent de nouveaux régimens. Ce fut Souham*,

---

* Le Comte Souham a été nommé général de division en septembre 1793.

encore général de division en ce moment, qui pressentit le premier son génie militaire. Moreau fut placé dans son état-major. C'est là qu'il apprit le génie de son métier; il s'y montra de manière à faire présumer qu'il deviendrait un militaire très-distingué. On peut apprendre à braver les dangers; on peut parvenir à un sang-froid immuable et philosophique, et, par des travaux soutenus, posséder toutes les connaissances nécessaires à un guerrier; mais avec ces dons acquis on ne s'élevera jamais au-dessus du vulgaire, ou cela sera très-rare. Le héros, le grand homme de guerre naissent comme tous les hommes de génie; ils ne sont pas produits par l'art. L'art contribue à développer leurs moyens; mais seul il ne suffit pas pour les faire atteindre à une place éminente.

C'est dans cette situation que se trouva Moreau, lorsqu'il eut échangé sa plume contre un sabre, et qu'il eut quitté le barreau pour voler aux champs de bataille. La connaissance de l'art de la guerre ne l'eût pas fait ce qu'il est aujourd'hui; au commencement de sa vie militaire, ce ne fut que d'après ses principes qu'il forma ses entreprises; ils étaient son soutien;

lorsqu'il connut ses propres forces, qu'il sentit ses moyens s'aggrandir et le porter à des actions d'éclat, il s'éleva au-dessus de ses émules, devint leur modèle et s'ouvrit une carrière qu'aucun général n'avait parcourue avant lui, dans une aussi immense étendue.

Cela ne put pourtant point arriver avant qu'il n'acquît dans la hiérarchie militaire un rang auquel il parvint sans autre véhicule que ses services. Dès qu'on eut découvert en lui les dons heureux d'un génie transcendant, il passa très-rapidement* d'un grade à un autre; on lui confia enfin le commandement d'une armée dans un temps où il n'était pas facile de devenir général.

C'est à cette époque que Moreau devint digne de fixer l'attention, non-seulement comme militaire, mais sous le rapport politique et moral. Sans doute je devrais aussi m'attacher à éclaircir, à rassembler ici tout ce qui est à ma connaissance sur ces premiers temps : mais ce travail est réservé à un biographe exercé, à un Plutarque qui naîtra peut-être un jour. Je ne puis et je ne veux

---

* Moreau fut promu au grade de général de division le 14 avril 1794.

faire paraître que des morceaux détachés. Les développemens que je donne sur son caractère comme homme public et comme homme privé, le récit de sa dernière campagne à laquelle je m'attache particulièrement, l'esquisse de sa vie au milieu de ses amis que j'ose entreprendre et publier, ne sont et ne doivent être autre chose que des matériaux bruts : une main plus habile que la mienne les trouvera peut-être un jour dignes d'être mis en œuvre.

Moreau placé à la tête d'un corps d'armée, eut si long-temps à combattre les obstacles toujours renaissans de l'organisation intérieure, qu'il ne put se faire connaître hors de l'étendue qu'occupaient ses troupes ; mais elles en sentirent d'autant mieux l'influence prospère du chef qu'on leur avait donné. L'ordre et la discipline se rétablirent insensiblement parmi elles. L'officier reprit sur ses inférieurs l'autorité qu'il doit avoir. Le ton sans-culotte disparut, et sans voir paraître à sa place rien de servile, la subordination régna dans les corps. Le soldat était rigoureusement astreint à son service ; il était libre dès qu'il avait rempli ses devoirs. Les administrations de l'armée lui durent aussi une amélioration sensible. Ennemi déclaré de toutes fraudes, il éloigna de ces administrations tous ceux qui les regardaient comme des mines d'or dans lesquelles, en très-peu de temps, on pouvait acquérir une brillante fortune; il se montra rigide pour qu'on fournît ponctuellement au soldat ce qui lui revenait ou ce que les circonstances permettaient qu'on lui donnât. De cette manière, il gagna l'amour et l'estime de ses subordonnés; il ne prétendit point à leur confiance avant d'avoir aussi prouvé ses talens comme général, et avant de s'être montré comme un guide digne d'eux en face de l'ennemi.

Il fut long-temps sans en avoir l'occasion, ou plutôt l'entrée de Pichegru en Hollande mit obstacle à ce que les yeux de l'Europe se dirigeassent aussi sur Moreau; mais ce dernier enfin fut placé dans une situation où il put faire briller son génie et déployer les talens militaires les plus rares d'une manière qui l'eût mis au premier rang des grands capitaines, si l'on eût été juste. Carnot * (nom que tout militaire doit prononcer avec respect), Carnot entra au

---

* En octobre 1795. Ses collègues étaient Reubell, Reveillère-Lepeaux, Letourneur et Barras.

directoire, et y dirigea les opérations militaires. La Prusse et l'Espagne qui avaient le plus grand intérêt à sortir de la coalition, avaient déjà fait une paix séparée et avaient assuré par-là le bonheur et le repos de leurs sujets. L'Empereur et l'Empire réunissaient encore des forces nombreuses en Italie et sur le Rhin dans le dessein de subjuguer la France. Que leur est-il arrivé? Ces forces ont été anéanties, et c'est aux portes de Vienne que l'on a fait acheter à la maison d'Autriche une paix que dans d'autres circonstances elle avait paru si éloignée d'accepter. Carnot conçut le plan colossal de réunir sur le Danube trois armées françaises, savoir : celle d'Italie et les deux armées du Rhin, par des mouvemens vigoureux et rapides. Buonaparte, Moreau et Jourdan furent chargés de l'exécution.

*Ce projet fournit au général Moreau l'occasion de surprendre la France et l'Europe entière par son bonheur, sa hardiesse et ses connaissances militaires. A peine fut-il parvenu à passer le Rhin (24 juin 1796)

* L'armée de Rhin et Moselle avait au passage du Rhin 72000 hommes d'infanterie et 6500 hommes de cavalerie. Le

en présence de l'ennemi, qu'il inonda toute la Souabe comme un torrent qui se précipite de rochers élevés ; il triompha de tous les obstacles, et pénétra jusqu'à l'Iser. Là il occupait le point le plus exposé de l'armée qui devait être composée de toutes trois, et formait, pour ainsi dire, l'avant-garde des deux autres qui étaient restées

---

général Reynier était le chef de l'état-major général; Eblé commandait l'artillerie; Chambarlhiac, le génie.

Voici le tableau exact des généraux au moment du passage du Rhin.

Corps de troupes.	Généraux de division.	Généraux de brigade.
Aile droite commandée par Férino.	Delaborde	Scissé. Nouvion. Jordy.
	Tuncq	Tholmé. Paillard.
	Bourcier	Sibaud.
Centre commandé par Desaix.	Delmas	Eckmeyer. Frimont.
	Beaupuy	Tharreau. Joba. Bruneteau-Sainte-Suzanne.
	Xaintrailles	Forest.
Aile gauche commandée par Gouvion-Saint-Cyr.	Duhesme	Lambert. Vandamme.
	Taponnier	La Roche. Le Courbe.

Cette première organisation éprouva des changemens dans le cours de la campagne. On forma une réserve dont le commandement fut confié au général Bourcier.

en arrière. Ce n'était pas une hardiesse inconsidérée, ni un courage trop fougueux, comme on pouvait le craindre d'un général âgé de 34 ans, qui l'avaient mené aussi loin. Toutes ses opérations étaient réglées sur un plan mûrement réfléchi ; rien n'était abandonné au hasard, et il sut toujours se rendre un compte exact de ce qu'il entreprit.

Cependant le monde, par l'éloignement dans lequel on le considérait, pouvait ne voir en lui qu'un guerrier heureux ; ceux mêmes qui le suivaient pouvaient, dans cette continuité de succès, porter sur lui un semblable jugement; bientôt la scène changea : Jourdan fut battu, les flancs de l'armée de Moreau furent débordés, et cette armée fut entourée. On ne devait plus penser à marcher en avant ; il fallait songer à la ramener depuis l'Iser jusqu'au Rhin, à travers des myriades d'ennemis.

Il est incontestable que la vraie grandeur militaire se montre dans le malheur d'une manière bien plus éclatante que lorsqu'elle est favorisée par des avantages, et qu'on marche de triomphe en triomphe. Une armée victorieuse est facile à commander. Chaque soldat sait ce qu'il doit faire avant même que l'ordre lui en soit donné. Il supporte sans mécontentement la misère et la fatigue. Etourdi par la prospérité, il se croit invincible, et il l'est en effet aussi longtemps que l'ennemi mis en désordre n'a pas eu le temps de se rallier et de s'opposer à l'impétuosité du vainqueur. Il en est autrement d'une armée vaincue. Chaque privation lui semble double, et chaque jour les augmente. Le courage s'amollit de plus en plus, et la dernière étincelle s'éteint enfin. Pour comble, le soldat trouve que son général a commis des fautes ; il perd sa confiance en lui et c'en est fait ; il se croit sacrifié quand, avec un léger effort, il aurait pu reprendre son ascendant sur l'ennemi qui l'attaque.

A la tête d'une armée nombreuse, mais néanmoins beaucoup trop faible pour arrêter sur tous les points les mouvemens d'un ennemi qui avait repris l'offensive, sur les frontières de la Bavière, dans un pays dont les habitans avaient les motifs les plus fondés pour nous être contraires, et dont l'armée ne devait probablement sortir qu'avec peine, Moreau n'avait et ne pouvait avoir devant les yeux d'autre but que de faire sa retraite en perdant le moins possible de son arrière-garde, de se faire un passage à travers l'armée ennemie qui le pressait, et de regagner les bords du Rhin. Il voyait bien qu'il serait perdu, s'il laissait entamer son armée, ou s'il entreprenait de la maintenir dans une aussi grande étendue de pays que celle qu'elle occupait, comme il en avait eu le projet dans sa position précédente. En réunissant ses forces, il n'avait autre chose à espérer que de se faire jour et de conduire jusqu'au Rhin, sans grande perte, son armée, son parc et ses équipages.

Pour exécuter ce dessein, il rassembla ses divisions dès qu'il apprit que Jourdan battait en retraite, et en* forma une masse qui était supérieure de beaucoup aux forces de l'ennemi, répandues sur divers points et prises en détail.

Il ne s'en tint cependant pas encore là. Il sut montrer à l'ennemi qui l'environnait, qu'en se retirant il n'avait pas renoncé à remporter sur lui des avantages. Dans sa situation si critique et si délicate, il voulut non-seulement demeurer maître de sa retraite et du pays occupé par ses troupes, mais encore imposer à l'ennemi et s'en

* Cette manœuvre commença le 16 septembre; le 18 l'aile droite, commandée par Férino, parvint à rétablir ses relations avec le gros de l'armée.

faire

faire craindre. Dans ce dessein, il ne se contenta pas de se dégager sur les devants; il fit attaquer par son arrière-garde l'ennemi qui la suivait, et chaque fois il l'assaillit avec une telle impétuosité, qu'il le fit rétrogader plusieurs lieues, lui prit des pièces de canon et lui fit des prisonniers. Cela durait tout le jour : il employait la nuit à sa retraite, et tandis que les Impériaux le croyaient résolu à reprendre l'offensive, ou étaient en trop grand désordre pour le poursuivre, Moreau gagnait assez de temps pour l'éloigner de beaucoup sans fatiguer ses troupes auxquelles il faisait passer plusieurs jours tranquilles. Il mit cette tactique en usage contre les corps qui s'étaient jetés entre lui et le Rhin, et contre ceux qui inquiétaient ses flancs. Il arriva rarement que ces corps l'attaquassent. Le plus souvent il marcha à eux, et chaque fois avec une telle supériorité et une telle force, qu'il se donnait, de leur côté, quelques jours de repos. Cela avait en outre l'avantage de lui permettre de donner des soins assidus à la subsistance de ses troupes, et de les pourvoir de tout ce qui leur était indispensablement nécessaire. La discipline la plus sévère régnait dans l'armée; chaque soldat, plein de confiance dans la conduite du général en chef, avait attention de remplir ponctuellement ses devoirs.

Ce fut ainsi qu'il parvint à conduire * jusques et au-delà du Rhin, au milieu d'un ennemi bien supérieur en nombre, soixante mille hommes que la France croyait perdus. Je sais de lui-même qu'il ne laissa en arrière, dans cette retraite digne de celle de Xénophon, que deux charrettes qui s'étaient brisées, et cela ne serait pas arrivé, si, à son passage du Rhin, il n'avait pas laissé son parc à Strasbourg, et s'il n'avait pas été contraint de se servir de voitures de paysans.

Un hasard singulier, mais qui n'est pas sans exemple, voulut que l'on penchât à cette époque à ne point apprécier ni estimer convenablement le grand, le sublime que présente cette retraite à tous égards. ** Le génie de Moreau et ce chef-d'œuvre militaire ne frapperont pas la multitude; le

---

* Desaix repassa le Rhin à Vieux-Brisack, le 21 octobre; le 25, le reste de l'armée le passa à Huningue. Abatucci et Laboissière commandaient notre arrière-garde que l'ennemi n'osa pas entamer.

** L'auteur se trompe ici; car le sieur POSSELT, dans ses annales de l'Europe (EUROPÆISCHEN ANNALEN), parle de cette admirable retraite suivant son mérite.

Note de l'imprimeur allemand.

connaisseur, le guerrier prudent et instruit lui offriront le tribut de leur admiration. Ajoutez encore à cela que * Buonaparte précisément dans ce temps remportait en Italie victoire sur victoire, et comme il était alors de la politique des gouvernans de louer outre mesure et d'élever le nouveau héros, le public accoutumé à ne considérer comme un grand homme que celui qui gagne des batailles et prend des provinces, oublia le général qui, dans le malheur et par sa retraite, s'était acquis plus que personne des droits aux honneurs et à la gloire. Celui qui a eu l'occasion de suivre la vie de Moreau, pourra facilement expliquer par le caractère de ce général, cette négligence d'une partie de la nation. De toutes les vertus qui lui sont propres, et qu'il sait à peine posséder, la modestie est celle qui doit occuper la première place ; elle ne lui permettait pas de parler de lui-même et d'étourdir le public, comme tant d'autres, en l'instruisant de ce qu'il avait fait ou de ce qu'il n'avait pas fait. Il se bornait uniquement à

* Buonaparte avait gagné le commandement en chef de l'armée d'Italie, à la journée du 13 vendémiaire. La campagne de Moreau correspond à celle où l'on cite les batailles de Millesimo, Mondovi, Lodi, Castiglione, Roveredo, Arcole, Rivoli, etc.

faire son devoir; lorsqu'on l'entendait parler des événemens qu'il avait fait naître, on aurait cru qu'un autre et non lui en avait réglé les dispositions. Ce n'était pas en se tenant ainsi à l'écart qu'il pouvait de longtemps être apprécié des hommes, malgré ses services; car la valeur fanfaronne est la seule qu'ils trouvent digne de remarque et d'approbation; la vertu modeste, quoiqu'évidente par elle-même, est bientôt éclipsée et ne s'estime pas à son véritable prix.

Comme je ne puis rien trouver de comparable à sa retraite dans ce qu'il fit dans la même campagne, je le passe sous silence, et je me hâte de parler de sa manière de vivre pendant la paix comme simple particulier. Les préliminaires en avaient été signés * à Léoben, et son armée prit ses quartiers sur la rive gauche du Rhin. Une des époques les plus remarquables de la révolution française commença alors : Moreau, sans

---

* Le traité provisoire de Léoben est du 18 avril 1797.

A pareil jour, cinq ans après, Buonaparte signa le traité conclu à Amiens le 25 mars précédent avec l'Angleterre.

Le même jour il fit publier le concordat entre la France et la cour de Rome.

Buonaparte aimait et recherchait ces correspondances de date; ce n'est pas le hasard qui a amené la bataille d'Austerlitz pour servir d'anniversaire au couronnement.

le chercher ni le vouloir, se trouva intéressé aux événemens qui la signalèrent. Il avait brillé trop long-temps à un poste éminent pour qu'il n'eût pas été remarqué, et qu'il n'eût pas dû s'attirer des partisans, des envieux et des ennemis.

La politique, qui est mise maintenant à l'ordre du jour en France, est intéressée à jeter le voile le plus épais sur les circonstances qui ont amené le célèbre * dix-huit fructidor. Le parti qui a été abattu, ou au moins quelques ramifications de ce parti ne se sont pas encore justifiés de tous les reproches qu'on leur a faits, à ce qu'il semble, avec fondement; et ceux qui ont causé leur chute ont toujours été embarrassés jusqu'à ce moment pour mettre en harmonie la conduite qu'ils tinrent alors et les principes de l'équité. Ce n'est ** qu'avec le temps qu'on acquerra une connaissance entière des faits et de leurs causes, et qu'alors les uns seront déclarés innocens, et les autres, coupables. L'expérience n'a-t-elle pas montré, on ne

* Lundi 4 septembre 1797.

** Le 18 fructidor est jugé depuis long-temps. D'une part, la faiblesse et l'hésitation trop commune aux gens de bien, ils ne savent pas conspirer; de l'autre, l'audace et l'emploi des moyens les plus criminels.

peut pas plus clairement, qu'au dix-huit fructidor on n'a pas seulement sacrifié des victimes au systême qu'on voulait établir, mais encore à l'envie, à la jalousie, à des vengeances particulières. On voulait faire prévaloir en France une seule opinion et une seule puissance ; ce qui leur était contraire, ou ce qui pouvait un jour s'élever contr'elles fut mis à l'écart, que cela fût juste ou non.

Le parti qui remporta la victoire, ne négligea rien pour parvenir à son but, et mit en usage tous les moyens qui pouvaient l'en rapprocher ; il se fit des partisans dans toute la France, et se permit même de faire un appel aux armées par une déclaration entièrement opposée à la constitution. Plusieurs d'entr'eux ne se déclarèrent pas seulement ouvertement contre le parti antidirectorial, mais ils prirent aussi une part plus ou moins immédiate aux événemens qui préparèrent ou qui accompagnèrent le dix-huit fructidor. L'armée du Rhin et son vertueux chef demeurèrent immuables dans les principes dont ils avaient fait jusqu'alors profession, et justifièrent leur conduite par les termes même de la constitution. Antérieurement à cet événement, Moreau n'avait jamais cessé d'être dans l'opinion franchement prononcée qu'il fallait demeurer soumis en tous points à la constitution et au gouvernement existant ; il avait rempli ses obligations comme soldat et comme général, en combattant pour sa patrie contre l'ennemi extérieur ; il ne s'était jamais immiscé dans les événemens politiques de l'intérieur.

Il n'a point dévié de ces nobles principes, et les membres du Gouvernement eurent de la peine à le décider à adresser une proclamation à son armée : il le fit enfin, mais trop tard à leur gré. Ce long refus et sa gloire lui ont été imputés comme un crime à l'époque du dix-huit fructidor ; on l'en aurait puni plutôt encore, si l'on avait trouvé auparavant un prétexte un peu spécieux, ou si l'opinion publique l'avait moins soutenu. Cependant sa chute fut résolue, et à peine le tocsin du dix-huit fructidor eut-il sonné, que le projet fut exécuté.

Il fallut malheureusement que Moreau lui-même y donnât les mains, ou plutôt en fournît le prétexte.

De tous ceux qui avaient été mis à l'écart par le dix-huit fructidor, aucun ne s'était prononcé plus ouvertement contre le système républicain, aucun ne s'était acquis un plus grand nom ni une influence plus étendue en France que * Pichegru, lui qui avait conquis la Hollande. Ses principes et son élévation étaient haïs des gouvernans et leur étaient suspects; c'en était assez pour qu'on entreprît de le perdre. Mais il n'y avait contre lui aucune forte preuve : il n'y avait que des présomptions, quelques renseignemens très-incertains, et sa conduite sur laquelle on cherchait à établir la condamnation prononcée d'avance contre lui. Voilà pourtant sur quoi se fonda le Directoire, pour prouver à la France et à l'univers que la mesure prise contre Pichegru était juste en tous points, et que les victimes condamnées à l'exil avaient mérité cette destinée, d'après les principes de l'équité et ceux de la raison. Le dix-huit fructidor arriva. Le Directoire vit que le plus grand nombre ne le blâmerait ni ne l'approuverait; c'était au fonds tout ce qu'il demandait du peuple et tout ce qu'il paraissait attendre de lui; il laissa faire le reste aux folliculaires et aux écrivains du

* Charles Pichegru, né à Arbois (Jura), le 16 février 1761.

jour qu'il salariait; il espéra par sa politique ténébreuse et par la puissance qu'il avait acquise avec si peu d'efforts, se défaire de tous ceux qui n'auraient pas caché leurs liaisons avec les fructidorisés, ou qui seraient devenus dangereux par leur crédit.

Ce fut dans cette situation que se trouva Moreau qui avait toujours vécu dans la meilleure intelligence avec Pichegru. Leurs principes, quant au militaire, leur modération, quant aux affaires politiques, et leurs efforts communs pour rétablir de plus en plus l'ordre et la subordination dans les armées étaient les fondemens de leur liaison. Cette union n'avait jamais été un secret pour la France; tant que Pichegru fut regardé d'un bon œil par le Gouvernement, on vit volontiers que deux hommes si intéressans et d'un aussi grand mérite, se tendissent réciproquement les mains pour travailler de concert sans connaître ni l'envie ni la jalousie, et concourussent à l'envi à un même but. Mais à peine Pichegru eut-il quitté l'armée, à peine eut-on entendu qu'il était suspect au Gouvernement, à peine enfin fut-il entré au conseil des cinq-cents, que par peur et par politique on machina contre lui et on s'efforça de le perdre dans l'opinion publique. Il n'appartient pas à mon sujet de rechercher s'il s'est rendu coupable contre la constitution de son pays ou non. Il a été suffisamment puni comme tel au dix-huit fructidor.

Il était tout naturel que le Directoire, après cette démarche, conçût de la méfiance contre tous ceux qui avaient été liés avec lui. Moreau était trop remarquable pour que le Directoire ne voulût pas sur-le-champ le faire apercevoir de l'opinion qu'on avait de lui, d'autant plus qu'ainsi que son collégue, il s'était refusé long-temps à envoyer à son armée les adresses tant souhaitées. Moreau l'apprit, et bientot il eut des preuves de ces dispositions hostiles. Il crut n'avoir rien à craindre tant que le dernier coup n'aurait pas été porté ; il ne tarda pas à l'être ; il ne put plus douter alors de sa disgrace qui éclata lorsqu'on récompensa le général Augereau.

Eloigné de toutes les affaires, au sein d'un repos philosophique, au milieu de ses amis, Moreau vécut près d'un an, partie à Paris, partie dans son pays. La France était en paix avec l'Autriche ; on travaillait à la paix générale, et, au point où en étaient les choses, il ne devait pas s'attendre à être placé encore une fois à la tête d'une armée. Récompensé de ses travaux par l'ingratitude de sa patrie, honoré et connu d'un petit nombre, sans penchant pour marquer dans la carrière politique, il devait au contraire se résigner à être bientôt livré à un oubli entier.

Cependant, par bonheur pour la France, la course rapide des événemens qui, dans un état en révolution, empêche d'en juger l'arrivée à l'avance, l'en garantit. Les généraux de presque toutes les armées furent changés précipitamment, parce qu'à peine les eut-on placés qu'on reconnut leur incapacité, et qu'on eut des motifs de douter de leur bonne volonté. Par-tout on s'apercevait que Moreau manquait ; mais on n'osait pas encore lui rendre justice. Enfin les circonstances obligèrent les Directeurs à surmonter leur répugnance et toutes les petites considérations qui les avaient retenus ; ils lui donnèrent de l'activité, mais bien restreinte. Il fut placé à l'armée d'Italie comme inspecteur-général en second de l'infanterie.

Brune ayant été rappelé, et * Joubert

---

* Barthelemy-Catherine Joubert, né le 30 janvier 1769, à Pont-de-Vaux (Ain).

ayant été nommé à sa place, chacun crut à Milan que Moreau avait une autre destination, et qu'on le mettrait en avant dès que les circonstances l'exigeraient; mais ceux qui avaient cette opinion donnaient au Directoire plus de grandeur d'ame et d'impartialité qu'il n'en avait effectivement. Moreau y demeura tout l'hiver, et ne fut autre chose qu'inspecteur-général en second de l'infanterie. Si, dans ce poste, il n'avait pas eu au-dessus de lui un Gauthier, le plus nul et le plus mince de tous les pédans militaires, il aurait pu procurer différentes améliorations à l'armée d'Italie qui avait le plus grand besoin d'une organisation nouvelle; mais il ne servit à autre chose qu'à fournir au général Gauthier * l'occasion de paraître avec lui, et de pouvoir dire partout : moi et mon collègue Moreau.

On crut appercevoir que le Directoire en l'envoyant à Milan, n'avait d'autre dessein que de l'éloigner de Paris ; et en cas que les affaires allassent mal en Italie, d'avoir sous la main un homme qui fût en état de tout rétablir; s'il a eu cette précaution, elle

---

* Le général Gauthier était premier inspecteur de l'infanterie à l'armée d'Italie.

Note de l'auteur.

est louable dans le fait. Joubert, homme d'une grande valeur et d'une loyauté rare, mais malheureux à la guerre, fut fait général en chef (1799), et pour son début fut mis à la tête d'une des plus belles armées, mais dans la circonstance la plus critique. Sous Joubert, les généraux * Championnet et Macdonald, qui tous deux comme lui n'avaient pas encore commandé en chef, furent nommés pour diriger l'armée destinée à marcher sur Naples. Le Directoire, malgré les dispositions qu'il fit pour le succès de ces diverses opérations, n'agit pas néanmoins avec assez de prévoyance. Plus il envoya à cette armée des ** gens d'un talent éprouvé, plus il dut s'attendre que les généraux en chef mettraient à profit leur expérience, et qu'au moins ils lui demanderaient des conseils. Cela arriva effectivement tant que Joubert demeura à leur tête, quoiqu'il n'eut jamais invité Moreau à prendre le commandement d'une division ou d'un corps d'armée.

---

* Jean-Etienne Championnet, né à Valence (Drôme) en 1762; mort à Antibes le 9 janvier 1800, de l'épidémie qui ravageait alors son armée.

** Les généraux Sainte-Suzanne, Grénier et Saint-Cyr, furent à cette époque envoyés de l'armée du Rhin à celle d'Italie.

Note de l'auteur.

Tout ce que le Directoire trouva bon d'entreprendre en Italie, réussit contre toute attente ; Naples fut vaincu, et le Piémont fut conquis en moins de huit jours. Le Directoire fut cependant mécontent au dernier point de tous ses généraux en chef, et trouva matière à leur faire des reproches soit pour une cause soit pour une autre. Championnet * fut rappelé pour avoir établi la république napolitaine, et pour n'avoir pas voulu qu'un commissaire civil du Directoire espionnât sa conduite. Joubert donna sa démission parce qu'on lui fit un crime de la prise de possession du Piémont, opération qui lui avait été recommandée, et en même temps parce qu'il ne voulait souffrir à son armée la troupe de pillards qui la suivait sous le nom de commissaires, d'employés et de fournisseurs des troupes ; ils épuisaient chaque contrée où ils tombaient, comme les sauterelles d'Egypte.

Le successeur de Joubert n'était point encore nommé lorsqu'il quitta l'armée, et Delmas, premier général de division, com-

* L'arrêté du Directoire qui nomme Scherer au commandement des armées d'Italie et de Naples est du 20 février 1799. Macdonald eut, sous les ordres de Scherer, le commandement spécial de l'armée de Naples.

manda à sa place. Cet événement donna lieu à nombre de conjectures. L'on crut généralement qu'il n'y avait que Moreau qui pût remplacer Joubert. Cette opinion acquit d'autant plus de force, que la guerre avec l'Autriche s'était rallumée sur le Rhin et dans le pays des Grisons, et Moreau jouait toujours à l'armée le rôle le plus insignifiant. Le Directoire avait ses favoris à avancer, et il eut sacrifié le salut de l'état plutôt que de les laisser en arrière. On apprit enfin à Milan avec le plus grand étonnement, et même avec consternation, que Scherer était nommé général en chef, et qu'il arriverait incessamment à l'armée.

Je m'expliquerai ailleurs sur les vues secrètes du Directoire, lorsqu'il fit ce choix ; je me propose de mettre au grand jour la conduite de Scherer pendant son commandement. Je me borne uniquement ici à dire quel fut le rôle qu'on fit remplir à Moreau dans ces circonstances. N'ayant aucune part dans les opérations de l'armée, il avait vécu jusqu'alors à Milan extrêmement retiré. On ne le voyait au quartier-général que comme ami du général en chef, et il était environné d'une simplicité qui contrastait avec la pompe des généraux qui commandaient en

Italie. Après l'arrivée de Scherer, il commença à se montrer davantage ; car à cette époque on lui donna le commandement de trois divisions ; ce fut un trait de fine politique de la part des Directeurs ; ils calmaient par là le mécontentement qu'avait conçu le soldat du choix choquant du général en chef, et ils s'adressèrent à Moreau lorsqu'il ne leur fut plus possible de conserver leur confiance à Scherer.

Enfin les hostilités recommencèrent aussi en Italie, et l'armée s'avança sur les bords de l'Adige qu'elle menaçait de passer : le vingt-six mars elle attaqua l'ennemi sur tous les points. Montrichard, avec sa division, devait faire une fausse attaque sur Legnano. Moreau, avec les deux autres divisions sous le commandement des généraux Victor et Hatri, devait attaquer l'ennemi du côté de Vérone, et menacer la ville elle-même. Scherer s'était réservé la direction de l'aile gauche qui était composée des divisions Delmas, Grénier et Serrurier, et destinée à prendre les retranchemens de Pastrengo et à marcher vers Polo sur l'Adige. Cela lui réussit en effet jusqu'à dix heures du matin ; mais alors au lieu de descendre le fleuve sur sa rive gauche et de tourner

Vérone,

Vérone, Scherer en demeura là, et entendit tranquillement Moreau se battre jusqu'à huit heures du soir sans aller à son aide.

L'impéritie de Scherer parut de plus en plus ; mais fort heureusement les divisions qui étaient sous les ordres immédiats de Moreau, surent apprécier ce dernier. Il ne portait habituellement qu'un habit bleu tout uni, et jamais le costume qui pouvait faire juger de la place qu'il occupait ; les soldats des demi-brigades qui étaient toujours restés en Italie, et qui ne le connaissaient que par sa réputation et par de nouveaux camarades arrivés depuis peu de l'armée du Rhin, brûlaient de connaître personnellement ce grand guerrier, dont les talens étaient aussi rares que ses manières étaient simples, pour le suivre au milieu des combats et par-tout où son courage et son génie auraient jugé à propos de les conduire ; mais cela n'était pas sì aisé qu'ils le pensaient. Accoutumés à voir leurs généraux entourés d'une pompe éclatante, ils s'imaginaient que Moreau ne devait paraître qu'avec plus de magnificence encore, et ils étaient éloignés de le croire près d'eux quand il passait sans suite, ou qu'il était à leur tête, exposé au feu le plus vif.

Après ces premières preuves de sa stupidité et de son incapacité, Scherer en donna une seconde le 30 mars ; il perdit la bataille du 9 avril ; bientôt il fut contraint de se retirer au-delà du Mincio avec le reste de son armée, et dans la suite, de repasser l'Adda. Jusques là le soldat, quoique ce ne fût pas sans murmure, s'était laissé patiemment sacrifier par lui ; mais alors il fit hautement éclater le désir de voir le général Moreau à la tête de l'armée. Scherer lui-même enfin commença à se convaincre qu'il n'était pas fait pour le poste qu'il remplissait ; il abandonna brusquement l'armée et se hâta d'aller recevoir de ses amis à Paris la récompense de ses loyaux services.

Une des plus belles armées que l'on eût encore vues en Italie, fut réduite en très-peu de temps à environ vingt-cinq mille hommes. Encore ce faible débris n'était-il plus ce qu'il était au commencement de la campagne ! les soldats étaient épuisés, accablés de fatigue, couverts de haillons et sans souliers, privés de tout ce qui leur était nécessaire, le plus souvent sans subsistances, environnés d'une bande de commissaires et de fournisseurs qui leur enlevaient le peu que le pays pouvait leur procurer ; dans cet état, on aurait à peine osé attendre d'eux qu'ils se fissent jour à travers les révoltés nombreux, et on aurait encore moins cru qu'ils pussent opposer quelque résistance aux Russes et aux Autrichiens. Malgré cette situation alarmante, malgré les désordres horribles et les vices répandus dans toutes les parties de l'administration, Moreau ne crut pas qu'il dût se laisser abattre ; et, plus grand encore dans l'adversité que lorsque la fortune l'avait favorisé, il ne perdit point l'espoir.

En prenant le commandement de l'armée, il vit aussitôt qu'il n'avait autre chose à faire que d'abandonner le pays sans défense qu'il occupait, de s'arrêter à une position où, favorisé par la nature, il pût, avec peu de forces, arrêter la masse innombrable d'ennemis qui le pressait, et de gagner du temps pour organiser de nouveau son armée et faire arriver des renforts. Il résolut donc, avant toute autre opération, de se retirer derrière le Tésin ; Macdonald ayant alors quitté Naples avec son armée, et cherchant à pénétrer dans la Lombardie, il fallut que Moreau songeât d'un autre côté à prendre une position telle, que les deux armées pussent facilement y faire leur jonction. Dans ce dessein il détacha une partie de son armée, qui se dirigea sur Gênes par Pavie sur le Tésin, et avec le reste il passa par Trino et Casal sur le Pô, et se tourna vers Alexandrie et Turin. Delà il envoya à Coni les bagages, le parc et une quantité prodigieuse de voitures pour les faire rentrer en France par le col de Tende.

Quand on examine la carte et qu'on suit ces divers mouvemens, on ne peut s'empêcher d'admirer la prévoyance d'un homme qui, dans les momens les plus critiques, sait employer ainsi avec le même succès et sa tête et son bras. Et Moreau n'était point encore content de lui-même !.... Il voulait se faire craindre de cet ennemi si supérieur à lui, comme il l'avait fait en Allemagne, dans le mois de vendémiaire an cinq. Il en trouva le moyen en restant aux environs d'Alexandrie, en s'étendant de Bassignana jusqu'à Valence, et en gardant le Pô jusqu'à Verrue. Les Russes occupaient la Laumelline, et les Autrichiens, la ligne entre Voghera et Tortone. Dès que les premiers eurent passé le Pô à Bassignana, il se retira et appuya son aile droite à Peceto, et son aile gauche sur le Pô, de manière que Valence était derrière lui. Il attendit leur attaque dans cette position, et la repoussa avec un tel succès, que si la division Victor, qui marchait d'Alexandrie sur Peceto, le long du Tanaro et du Pô, avait mis plus de célérité dans son mouvement, la retraite aurait peut-être été totalement coupée aux Russes.

Après cette affaire, les Autrichiens se portant en masse entre Tortone et Alexandrie, il était à craindre qu'ils ne se tournassent sur Gênes; le général Moreau prit la résolution d'y aller lui-même. Il marcha donc droit sur Turin par Asti, et envoya, sans son artillerie, par Acqui et Cairo, la division Victor sur la rivière de Gênes où elle devait entretenir la communication avec l'armée de Naples.

En marchant sur Turin, le général Moreau voulut atteindre un double but. Ses équipages avaient trouvé le col de Tende impratiquable et étaient restés à Coni : il fallait donc qu'ils rétrogradassent pour regagner le mont Cénis. Mais pour mettre ce projet à exécution, et en même temps pour que la route de Gênes fût libre pour l'artillerie, il fallait faire prendre le change à l'ennemi et lui faire croire qu'on voulait défendre les hauteurs de Turin. Le fort de Ceva, placé sur la seule route praticable pour aller à Gênes, s'étant rendu aux insurgés et ayant reçu une garnison autrichienne, les deux provinces de Mondovi et des Langhes étant en pleine sédition, il ne restait plus au général Moreau que de faire creuser un nouveau chemin à travers les rochers, de passer au milieu des révoltés, et d'un autre côté renvoyer ses bagages en France par le mont Cénis, en passant de Coni à Pignerol, Saint-Ambroise et Suze. Pour réussir dans cette entreprise aux yeux d'un ennemi trois fois plus nombreux que lui, il lui fit prendre le change une seconde fois, et au lieu d'aller par Fossano et Cherasco, il marcha d'abord sur Coni et Mondovi, et delà par Bagnasco, Garesio et Loano, sur Gênes.

Ce fut alors que le général Pérignon, homme aussi intègre que militaire prudent et instruit, prit le commandement de cette ville. Pour protéger la marche de Moreau, il s'était emparé des hauteurs depuis Carcare jusqu'à Voltri; il avait chassé l'ennemi de Gavi, et avait poussé ses avant-postes dans la rivière du Levant jusqu'à Pontremoli; il facilitait, par cette dernière manœuvre, la réunion du général Macdonald avec l'armée d'Italie ; elle devait s'effectuer par le chemin nommé la Corniche. Mais le général Macdonald se laissa emporter par l'amour de la gloire, et voulut avoir l'honneur d'avoir battu en Italie les Russes et les Autrichiens, sans que personne pût le partager avec lui. Sans se mettre en peine des ordres qu'il avait reçus, il marcha par Modène sur Plaisance où le général Moreau, qui semblait prévoir qu'il serait défait, avait envoyé à son secours la division Victor. Il ne se contenta même pas d'avoir pris cette sage précaution, et pour empêcher que les Autrichiens placés dans les environs d'Alexandrie n'opérassent leur réunion avec le corps qui marchait sur Macdonald, il se mit en mouvement avec le reste de l'armée qui montait alors à quatorze mille hommes ; son dessein était de chasser l'ennemi de Tortone, de s'avancer jusques vers Alexandrie et de s'appuyer sur Bobbio. Quoique cette manœuvre lui eût d'abord semblé infaillible, il trouva néanmoins de grandes difficultés dans son exécution. Les paysans armés épiaient de tous côtés ses courriers et les officiers de son état-major, leur prenaient leurs dépêches, les assassinaient et empêchaient ainsi toute relation avec le général Macdonald.

Moreau, ignorant ce que Macdonald avait projeté, se plaça donc entre Gavi et Novi, et fit les dispositions nécessaires pour chasser l'ennemi de Tortone et le repousser sur San-Giulana et la Grande-Cassine. Les divisions Grénier et Grouchy furent chargées de cette expédition, et la firent réussir contre toute probabilité, quoique les généraux ennemis Bellegarde et Seckendorf eussent concentré leurs forces près de la Grande-Cassine et leur fussent supérieurs de beaucoup. Déjà l'ennemi avait fait repasser le Tanaro à ses bagages. On s'enfuyait d'Alexandrie; Bellegarde et Seckendorf délibéraient s'ils n'abandonneraient pas cette place. Mais tout à coup arriva la nouvelle que le général Suwarow avait battu l'armée de Naples, et que la citadelle de Turin avait capitulé. Ces événemens rendirent nul l'effet qu'on devait attendre des avantages remportés par le général Moreau; les deux généraux autrichiens se déterminèrent à défendre Alexandrie.

Au lieu d'aider le général Macdonald dans une victoire, il fallut que Moreau fît tous ses efforts pour lui faciliter sa retraite.

Dans ce dessein il détacha encore quelques troupes vers Alexandrie et feignit de vouloir gagner les bords de la Bormida. Cela fit faire un mouvement au général Suwarow, qui se hâta d'aller au secours de Bellegarde ; et lorsqu'il fut arrivé sur les hauteurs de Sale, Moreau se replia sur Novi, dans sa première position. Macdonald fut délivré par cette manœuvre de la poursuite des Russes ; il put alors se retirer dans le grand duché de Toscane, et venir se réunir à Moreau par la rivière du Levant et le chemin nommé la Corniche.

L'armée que Macdonald amenait à Moreau n'était plus que de vingt-deux mille hommes, et le pire, c'est qu'elle était hors d'état de continuer plus long-temps la campagne. Elle s'était battue constamment depuis Naples jusqu'à Gênes. Ses armes étaient devenues tout-à-fait hors de service. Pour comble, elle n'avait plus de munitions ; le soldat était sans habit et sans souliers ; et ce fut pourtant avec ces forces réunies qu'on voulut faire lever le siége de la citadelle d'Alexandrie. Malgré toutes les peines que se donnèrent Moreau et les généraux qui commandaient sous ses ordres, pour rétablir cette armée le plus promptement possible, ils ne parvinrent pas à empêcher ce malheur. On ne peut pas cependant leur en attribuer la faute, mais bien au Gouvernement qui, depuis le commencement de la campagne, laissait cette armée en proie à toutes sortes de privations, et négligeait de la pourvoir du plus indispensable nécessaire; il secondait en tout le général Championnet qui organisait une nouvelle armée des Alpes; il permit même que, par une fausse mesure, on partageât les forces existantes, et qu'on s'affaiblît ainsi sur tous les points.

Moreau fit alors tout ce qui dépendait de lui pour aller au moins au secours de Mantoue, puisqu'il n'avait pas pu faire lever le siége de la citadelle d'Alexandrie. L'armée avait été à peu près remise en état d'agir, lorsque Joubert arriva pour en prendre le commandement en chef. Moreau était appelé à celui de l'armée du Rhin, qui était aussi désorganisée que l'avait été celle d'Italie. Joubert se persuadant qu'il fallait donner un combat pour délivrer Mantoue, pria son prédécesseur de ne pas quitter l'armée avant que ce combat n'eût été livré. S'il n'avait pas eu pour le hasarder de bonnes raisons militaires et politiques, on croirait volontiers que sa triste destinée l'entraînait. A peine * la bataille de Novi commençait-elle qu'il fut blessé mortellement à l'aile droite de son armée, et Moreau qui était instruit de toutes ses dispositions, fut contraint de prendre encore le commandement. Les résultats de cette bataille sont connus. L'armée française, par un incident malheureux, y perdit toute son artillerie et environ douze cents prisonniers ; mais elle se maintint dans la position qu'elle avait prise aux Russes avant le combat.

Moreau fut définitivement remplacé par Championnet, et arriva à temps à Paris pour être témoin d'une révolution qui seule pouvait sauver la France du précipice sur le bord duquel elle était placée. Buonaparte se voyant à la tête du Gouvernement, ne laissa d'abord échapper aucune occasion de montrer son estime et sa confiance au modeste héros du Rhin. Moreau n'avait jamais été traité du Gouvernement avec autant de distinction ; mais aussi jamais le Gouvernement n'avait été aussi capable d'apprécier son mérite et ses services, que depuis qu'il était dans les mains de Buonaparte. Moreau profita de cette considération et de

---

* Août 1799.

l'avantage du moment, pour mettre son armée en état de remplir l'attente de la France et du Premier Consul. En cela il fut efficacement secondé par Carnot, lorsqu'il eut le porte-feuille du ministère de la guerre. En trois mois l'armée du Rhin fut réorganisée, pourvue du nécessaire, et mise en situation de faire tête à l'ennemi.

Les événemens de la campagne qui a suivi ces préparatifs, sont encore si présens à la mémoire, que je crois inutile de m'y appesantir : d'ailleurs, il n'est pas dans mon plan de rapporter en détail chacune des grandes opérations militaires de Moreau. Cela demanderait plus de connaissances que je n'en ai, et plus de temps que je ne puis en disposer. J'ai voulu seulement le peindre lui-même, parce que j'ai dû apprendre à le connaître en vivant près de lui, et mon dessein a été de décrire avec plus de détail que les précédentes sa dernière campagne, la plus importante de toutes par ses suites.

Eloigné de tout faste, Moreau vivait à Augsbourg avec simplicité et de la manière la plus retirée, après la première suspension d'armes. Son existence était si tranquille et si *bourgeoise*, qu'on s'apercevait à peine de sa présence dans le palais électoral, et moins encore dans la ville. Ennemi juré de toute étiquette et de la contrainte de la mode, il hait et fuit une société où il faut s'assujettir à l'une ou à l'autre. Il écoute chacun avec franchise, avec attention, d'un air ouvert et sans vains complimens; il reçoit tous ceux qui ont à lui parler d'affaires, froidement à la vérité et d'un air réservé, mais avec politesse. Aucune société ne lui est plus agréable que celle de ses généraux ou des officiers qui sont attachés à son état-major. Ceux-ci ont accès près de lui à chaque instant de la journée; lorsque l'heure du travail de cabinet est passée, il reste le plus souvent avec eux, cause et rit avec confiance et aménité. Mais les affaires de service lui rendent, dès qu'elles se présentent, sa gravité naturelle et lui font oublier et mettre de côté toute autre chose. L'anecdote suivante servira à prouver combien il attache d'importance à ses devoirs. Il fit un jour le projet d'aller à la chasse, exercice qu'il aimait beaucoup depuis quelque temps. Il rencontra à sa porte un de ses adjudans-généraux avec un énorme paquet de papiers sous le bras, les uns pour les signer, les autres pour les examiner. Dès qu'il l'aperçoit, il pose son fusil, remonte avec lui dans son appartement, s'y enferme et ne pense plus à la chasse, de toute la journée. Moreau, en se refusant ce plaisir, pensa et sentit bien qu'il ne pouvait pas s'accorder avec ses devoirs. *

Un même zèle, une égale aptitude à remplir ponctuellement et scrupuleusement les obligations de leurs places, animaient tous ceux qui travaillaient sous ses yeux. Le premier à citer, sous tous les rapports, est son chef d'état-major, le général Dessolles. Pourvu de connaissances étendues et élevé à l'école de Buonaparte, il fit la connaissance du général Moreau en Italie. Dès ce moment il ne le quitta plus ; il devint son conseil, son bras droit, son ami ; et certes, Moreau ne pouvait en choisir un plus habile ni un plus sincère. Plus homme du monde

---

* Cette anecdote paraîtra peu saillante à la plupart des lecteurs ; quant à moi, je trouve qu'elle peint non-seulement Moreau par l'action, mais aussi les mœurs des camps par l'étonnement que cette action si simple, si naturelle, produit. Je conçois que parmi des officiers amis des plaisirs et peu accoutumés à la contrainte, elle a dû être citée et faire événement. Que de généraux ont regardé comme au-dessous d'eux un travail quelconque ! Ne cite-t-on pas un général qui n'ouvrait ses dépêches que lorsqu'il y était forcé par des circonstances ? ordinairement ses lettres restaient intactes, et il finissait par jeter au feu tous les papiers qu'il n'avait pas examinés : cela s'appelait *se mettre au courant.*

que Moreau, plus amateur des plaisirs et de la société, cela ne nuit point à des occupations qui accableraient tout autre que le général Dessolles; elles sont beaucoup plus étendues à certains égards, et demandent plus de temps, à cause des détails, que celles du général en chef. Sa grande facilité dans le travail fait qu'à peine il s'aperçoit de la multiplicité de ses obligations. Sa résolution est prompte; l'exécution en est rapide. Après le général Dessolles suit immédiatement le général Lahorie, chef de l'état-major du centre de l'armée. Moreau le connut aussi à l'armée d'Italie, et le prit avec lui à l'armée du Rhin. Encore plus froid et plus réservé que Moreau, on ne peut tirer de lui qu'un oui ou qu'un non sec. Né pour être dans les affaires et avec les connaissances qu'elles exigent, accompagnées de beaucoup de finesse, il est employé à toutes les négociations militaires et diplomatiques, et le plus souvent Lahorie a surpassé toute attente. Quand il arrive de former un vaste plan d'opérations, le général Lahorie avec les généraux les plus expérimentés l'exécute. C'est ainsi qu'il s'est montré dans toutes les campagnes qu'il a faites avec l'armée du Rhin. C'est le compagnon constant de

Moreau, et il mérite bien l'estime et l'amitié que celui-ci lui porte.

Celui qui a vu le général Fririon, sous-chef de l'état-major, et qui lui a parlé une seule fois, reconnaît à l'instant l'homme d'affaires par excellence, en même temps prévenant et affable; il écoute chacun attentivement et ne le renvoie jamais mécontent de sa réception. Son cœur est peint sur sa physionomie d'une manière si facile à reconnaître qu'on ne peut s'y tromper. La place qu'il occupait à l'armée, et qui ne pouvait être en de meilleures mains, rend témoignage de son esprit et de ses talens. Aussi Moreau sait-il bien l'apprécier et se félicite-t-il tous les jours de l'avoir pris avec lui à l'armée du Rhin, lorsqu'il * revint d'Italie.

Sous ces trois chefs qui dirigent tout, sont les adjudans-généraux et les adjoints à l'état-major, qui chacun sont chargés de

* L'auteur semble dire ici que Moreau amena Fririon avec lui de l'armée d'Italie; cela est possible, mais il le connaissait auparavant; Fririon était déjà sous-chef de l'état-major général en 1796, à l'armée de Rhin et Moselle, sous le général Reynier.

Tous les militaires qui ont connu M. Fririon comme général, comme inspecteur en chef aux revues, comme secrétaire général du ministère de la guerre, confirmeront l'honorable témoignage que notre auteur rend de ses talens et de ses qualités.

travailler à une partie séparée ; je deviendrais prolixe, si je voulais les citer tous nominativement, et m'étendre avec détail sur les services qu'ils ont rendus. Cependant Lamarque et Lemarois sont tous deux distingués par tant de qualités essentielles que je ne puis les passer sous silence. Outre les connaissances, les bonnes mœurs et la politesse, la sincérité et l'union la plus rare règnent parmi les généraux et les officiers qui composent l'état-major de l'armée du Rhin. On ne trouve point entr'eux ces procédés durs et sévères que l'on regarde dans les armées étrangères et même dans nos demi-brigades comme une réserve nécessaire au maintien de la discipline. Le subalterne est soumis à ses chefs et obéit ponctuellement aux ordres qu'ils lui donnent ; mais sa sujétion ne s'étend pas plus loin. Hors du service la différence des grades disparaît ; tous les officiers vivent ensemble comme amis, comme camarades. Moreau et ses chefs d'état-major en donnent l'exemple et sont les premiers à ne plus rien demander de l'obéissance de leurs subordonnés, quand la politesse ne la leur rappelle pas de leur propre mouvement. S'il leur arrive de souhaiter quelque chose que les chefs ne puissent leur accorder, ils savent d'avance qu'ils n'obtiendront rien, quand même ils s'abaisseraient jusqu'à la prière.

C'est ainsi que l'état-major de Moreau se distingue, on ne peut pas plus avantageusement, de tous ceux que j'ai eu l'occasion de connaître. Aussi son désintéressement et son amour pour la justice donnent-ils à ce corps la meilleure réputation, et particulièrement en pays conquis; ils sont pleins de l'exemple de Moreau, et animés des principes des trois autres chefs. Je ne connais aucun officier de l'état-major qui ne soit l'ennemi de toute perception arbitraire; nul d'entr'eux ne se laisse payer des services qu'il peut rendre pendant une campagne, soit à des habitans des pays occupés, soit même quelquefois à des provinces entières. Avec de l'or ou des présens on est généralement bien mal reçu d'eux; s'il est arrivé que des dons aient été reçus, ils n'ont pu l'être que par quelques employés qui, pour se donner plus de considération, aiment à se faire passer pour officiers de l'état-major.

Après cette digression courte, mais qui doit contribuer nécessairement à honorer mon héros, je reprends le fil des événemens pour en continuer le récit jusqu'à la conclusion de l'armistice de Steyer.

On sait qu'après la bataille de * Marengo et après l'armistice conclu entre les armées qui venaient de se battre, l'Empereur envoya à Paris le Comte de Saint-Julien pour négocier la paix avec la France. Celui-ci parut effectivement devoir y parvenir en très-peu de temps, et les préliminaires signés furent portés à Vienne par Duroc, pour y être ratifiés. Mais, contre toute attente, il fallut que Duroc, sans aller plus loin que le quartier-général établi à Altœtting, se contentât de remettre ses dépêches au général Kray, ne pouvant obtenir la permission d'aller jusqu'à Vienne pour y presser la décision que devait prendre le cabinet. Cette étrange conduite que le général Kray justifiait en disant qu'il n'avait pas reçu d'ordres, devint de la plus haute importance et fit douter au Gouvernement français que les intentions de l'Empereur le portassent à la paix. Effectivement on ne se trompait pas : Duroc fut renvoyé sans que

* Samedi 14 juin 1800. L'armistice d'Alexandrie, signé par Berthier et par le général autrichien Mélas, est du 16.

les préliminaires fussent ratifiés ; pour traîner en longueur, le cabinet de Vienne proposa d'ouvrir de nouvelles négociations.

Cette nouvelle étant parvenue à Paris, et l'Angleterre se refusant toujours d'accepter la trève qu'on lui offrait, le Premier Consul se détermina à faire recommencer les hostilités contre la maison d'Autriche. Moreau reçut l'ordre d'annoncer la rupture de l'armistice, et il en donna avis aussitôt au général Kray. Celui-ci, qui ignorait les secrets desseins de son souverain, ne fut pas peu surpris en recevant cette notification. On croyait au quartier-général autrichien que la conclusion de la paix était certaine, et que si elle n'était pas encore publiée, cela venait uniquement de ce qu'on n'était pas d'accord sur quelques points de peu d'importance qu'on ne pouvait tarder à régler.

La rupture hardie de la suspension d'armes les étonna donc beaucoup, et ils ne purent croire à la vérité de cette démarche avant d'en avoir ressenti les suites. Cela opéra le plus grand effet dans leur armée qui n'était pas entièrement organisée. Encore intimidée et mécontente, elle ne pouvait s'habituer à l'idée que la guerre allait se continuer. Dans ces circonstances * l'archiduc Jean prit le commandement de l'armée, et la dernière lettre que le général Kray fit remettre à Moreau, fut une réponse à l'avis de la rupture de la suspension.

La disposition morale de notre armée était bien différente; reposée, ses forces bien rassemblées, pourvue de tout en abondance et encore enivrée des victoires remportées dans la campagne précédente, pleine de courage et de résolution, elle accourut sur la ligne de démarcation fixée au moment de la trève. La perte d'hommes qu'elle avait faite était déjà réparée par les nouvelles levées qui étaient arrivées. A la place des corps qui avaient quitté Moreau pour se réunir à la première armée de réserve, d'autres étaient venus de l'intérieur. L'infanterie était au complet, et en cavalerie il y avait au moins huit mille hommes de plus qu'au commencement de la guerre.

A tout cela doit s'ajouter une circonstance qui, dans aucune armée, chez aucune nation, n'est d'aussi grand poids que parmi les Français. La France désirait avec une

---

* L'Archiduc Jean, cinquième frère de l'Empereur François II, est né le 20 janvier 1782.

égale ardeur que Buonaparte, qui s'était placé à la tête de son Gouvernement, sût rétablir l'ordre et la tranquillité dans l'intérieur, et qu'il lui rendît en même temps une paix extérieure, conclue d'après des bases solides et durables. Ce souhait était la seule idée qui occupât la nation ; elle en attendait la réussite avec la plus vive impatience, et pour parvenir à le réaliser, elle était prête à déployer toutes ses forces. Pour obtenir le repos, les armées étaient résolues à se battre en désespérées. La paix était leur mot de ralliement et les remplissait de ce même enthousiasme dont les animaient auparavant les cris de liberté et d'égalité. Les troupes ayant reçu l'ordre de passer la ligne de démarcation, chaque soldat disait à son camarade : Quoi ? l'Empereur ne veut pas encore faire la paix? Eh bien ! nous l'y forcerons dans Vienne.— Pleins de cette résolution, et pour parvenir le plutôt possible à réaliser leur désir favori, ils s'avancèrent avec audace en Bavière et franchirent la ligne qui les avait contenus pendant la trève.

D'Augsbourg, le quartier-général en chef fut placé à Nymphenbourg, château de plaisance de l'électeur de Bavière, situé à une petite lieue de Munich. Ce fut là que Moreau se retira, et, qu'éloigné de tout fracas, il fit les dispositions nécessaires pour l'ouverture de la campagne. Tout le favorisa ; la saison, l'esprit qui régnait dans l'armée, et la position de l'ennemi qui était à la vérité supérieur en nombre, mais dont l'organisation n'était pas encore terminée. Il lui manquait en effet une foule de choses. L'envie et la jalousie divisaient les chefs et empêchaient que leurs entreprises tournassent à leur avantage ; l'esprit de sédition s'était tellement propagé parmi le soldat, que l'on se vît obligé de renvoyer plusieurs bataillons sur les derrières et de prendre contr'eux les mesures les plus sévères ; en général, le désir de voir renaître le repos et la tranquillité était parmi les troupes, dans le peuple et sur-tout à Vienne, aussi prononcé que dans l'armée française. Mais on ne doutait pas à Vienne que les grands efforts des Français ne pussent amener la tranquillité ; l'on y craignait bien moins leur réussite que de voir encore les événemens traîner en longueur par une aussi cruelle persévérance. Si l'armée autrichienne eût été victorieuse, et qu'elle se fût avancée sur le Rhin, si elle avait alors pénétré en France et que cette entreprise eût réussi, les puissances confédérées ne se seraient certainement pas alors résolues à la paix, jusqu'à ce qu'elles eussent atteint le point auquel elles avaient voulu parvenir chaque fois que leurs armées avaient obtenu des succès. D'un autre côté, la résistance de la nation française se serait toujours progressivement accrue, et elle aurait multiplié ses efforts non-seulement pour chasser l'ennemi de son territoire, mais en cherchant à le mettre hors d'état de se rapprocher jamais de ses frontières à main armée. Si l'on pense aux ressources immenses de la France, au grand nombre de moyens qu'elle emploie, moyens qui sont cachés, et que le besoin fait développer, on doit conclure qu'un tel événement eût été la perte de l'Allemagne, qu'elle eût entraîné celle des puissances associées à sa querelle, et qu'elle eût prolongé à l'infini les troubles de l'Europe.

On était des deux côtés très-convaincu de ces vérités, et elles opéraient si puissamment sur chacun des partis, qu'au milieu de septembre 1800, les troupes demeurèrent en présence, et semblaient attendre une trêve; car toutes les négociations n'étaient pas encore rompues. L'Empereur se refusait, il est vrai, de signer les préliminaires arrêtés à Paris par le comte de Saint-Julien, mais il demandait des passe-ports pour un autre envoyé, afin de renouer une nouvelle négociation dans laquelle l'Angleterre devait être comprise. Cette disposition détermina le Gouvernement français à prolonger la trève, à des conditions néanmoins auxquelles on croyait que l'Autriche ne consentirait jamais. Le général Moreau reçut des ordres en conséquence; par suite de ses instructions, le général Lahorie se rendit le dix-neuf septembre à Hohenlinden où il avait un rendez-vous avec * le comte de Lehrbach et le feld-maréchal-lieutenant Lauer.

La proposition de prolonger la suspension d'armes fut accueillie, parce qu'on l'avait déjà offerte à Paris; mais la cession des trois places d'Ulm, de Philippsbourg et d'Ingolstadt qui devait en être le fondement, trouva une si forte opposition, que Lahorie revint sans avoir rien conclu. Les deux commissaires impériaux consentaient

---

* Le Comte de Lehrbach venait d'être nommé ministre des relations extérieures, à la place du Baron de Thugut; peu après il passa au ministère de l'intérieur et fut remplacé aux relations par le Comte de Kobenzl.

à livrer les deux premières ; ils étaient décidés, à ce qu'il paraissait, à ne jamais remettre Ingolstadt à l'armée française, à cause de sa position dans l'intérieur de l'électorat de Bavière. Le jour où les hostilités devaient recommencer s'approchait ; il n'y avait pas un moment à perdre, si l'on voulait prévenir de nouvelles catastrophes. L'Empereur était en personne à son armée ; on n'avait plus besoin d'envoyer à Vienne pour en recevoir des ordres tardifs. J'ajoute cette circonstance pour expliquer comment ce fut dans la même nuit du 19 au 20 septembre, qu'un courrier autrichien vint au quartier-général pour donner avis qu'on s'était résolu à accepter l'armistice proposé avec les cessions qui avaient été demandées. Le Comte de Lehrbach manda en même temps au général Moreau, qu'il était destiné par l'Empereur à aller en France pour y négocier la paix, et qu'il partirait aussitôt qu'il aurait les passe-ports nécessaires pour se rendre à Paris. Le général Lahorie retourna une seconde fois à Hohenlinden, et * la fameuse convention y fut terminée.

Comme cette convention a été regardée

* Elle porte la date du 20 septembre.

dans le public comme extrêmement avantageuse à l'armée française, je crois devoir l'examiner avec quelque détail. Après les avantages qu'avait remportés cette armée dans la précédente campagne, il était à présumer que, placée alors dans des circonstances on ne peut pas plus favorables pour elle, elle en aurait obtenu de plus grands encore. Les trois places ne pouvaient pas l'arrêter dans ses opérations; elles étaient bloquées, et si l'on eût jugé nécessaire de les assiéger en forme, il eût fallu qu'elles se rendissent dans le mois. La seule chose qu'on dût craindre, était qu'elles n'inquiétassent l'armée, si elle avait été obligée de battre en retraite; et pour y obvier, il aurait fallu laisser dans leurs environs un corps d'observation de 20,000 hommes au moins, dont l'armée française pouvait se passer, les ennemis étant affaiblis dans une égale proportion par les garnisons placées dans les villes. Le résultat définitif était toujours de les voir tomber en notre pouvoir avec des approvisionnemens immenses, une artillerie nombreuse, et leurs garnisons qui eussent été prisonnières de guerre. Elles nous échappèrent par l'effet de la convention d'Hohenlinden. L'Empereur perdit trois places menacées depuis long-temps, mais aussi il sauva le matériel de l'artillerie qui s'y trouvait et augmenta son armée de 20,000 hommes de troupes bien exercées et fraîches. Tout l'avantage (si l'on peut y en trouver un) que l'armée du Rhin tira de cette cession, gissait dans la gloire d'avoir pris sans coup férir trois places fortes qui, en cas de retraite, pouvaient protéger les derrières de l'armée, et d'avoir rendu au service actif un corps de 22,000 hommes qu'on ne pouvait pas mettre en ligne avant leur reddition. Si l'on admet que les succès de l'armée française devaient continuer, le sacrifice fait par l'Empereur ne perd pas seulement de son importance, mais encore il s'en suit que, comparaison faite de l'obtention d'une trêve et de la cession des trois forteresses, l'Autriche y a plus gagné que perdu.

Cet événement peut cependant être compté parmi les plus belles victoires qu'avait remportées Moreau, et l'on eut bien raison en France de l'en féliciter. Il flatta le modeste général qui ne s'était pas attendu à une réussite aussi complète, et ce qui le charma le plus sans doute, ce fut qu'il ne coûta pas une seule goutte de sang. L'armée revint sur ses pas et reprit sa position précédente ; son général alla à Augsbourg, et quelques jours après, en partit pour se rendre * à Paris.

Cependant les passe-ports demandés pour le Comte de Lehrbach étaient arrivés ; on en avait donné avis au quartier-général autrichien, et on ne voyait pas qu'il se disposât à se rendre au poste qui lui avait été assigné. Des motifs dont le développement n'appartient pas à mon sujet, le retenaient alors et l'empêchèrent enfin tout-à-fait de suivre sa première destination ; mais à sa place le Comte de Kobenzl annonça qu'il était nommé chancelier de l'Empire et plénipotentiaire au congrès de Lunéville, et qu'il s'y rendrait au plutôt. Effectivement, il arriva à Augsbourg peu de jours avant l'expiration de la trève ; il offrit de la prolonger, dans la visite qu'il fit au général Dessolles qui commandait l'armée en l'absence de Moreau ; Dessolles s'en excusa sur ce qu'il n'avait pas reçu d'ordres et qu'il ne pouvait pas prendre d'engagemens sans y être autorisé. Le Comte de Kobenzl passa la journée à Augsbourg et le soir continua son voyage **.

---

* Il y arriva le 18 octobre avec Lahorie.

** M. de Kobenzl arriva le 23 octobre à Strasbourg, et le lendemain à Lunéville.

En arrivant à Paris, il proposa aussi au Gouvernement la prolongation de l'armistice. On n'écartait pas tout-à-fait cette ouverture et on s'était réservé de l'agréer dans le cas où ses pouvoirs lui permettraient de traiter séparément avec la France, sans l'intervention d'un ambassadeur anglais; le Comte de Kobenzl ne pouvait et n'osait s'engager en aucune manière; et comme on crut s'apercevoir que le cabinet de Saint-James ne cherchait pas seulement à traîner en longueur les négociations commencées pour une trève sur mer, mais encore qu'il différait d'envoyer un plénipotentiaire à Lunéville, uniquement pour donner à la cour de Vienne le temps d'organiser et de compléter son armée, le Gouvernement français sut bien à quel but on tendait en demandant avec tant de persévérance la continuation de l'armistice sur le continent. Le ministre de la guerre envoya donc l'ordre aux armées de recommencer les hostilités le 22 novembre.

Moreau était encore à Paris et venait * de se marier lorsque la rupture fut décidée. Il

* Il a épousé mademoiselle Hulot qui lui a donné une fille, actuellement âgée de 12 ans. Madame Moreau est à Paris depuis le 3 juillet 1814.

apprit les ordres donnés par le ministre, neuf heures après le départ des courriers. Comme la convention d'Hohenlinden eût été violée dans le point le plus essentiel, si les hostilités eussent été reprises le 22 novembre, il se rendit aussitôt chez le premier Consul pour lui en faire la représentation, et pour l'engager à faire exécuter scrupuleusement le traité qu'il avait conclu d'après l'autorisation du Gouvernement. Buonaparte y consentit aussitôt, et d'autant plus volontiers qu'il n'avait jamais eu l'intention de donner l'ordre de rompre la convention d'Hohenlinden. Cette méprise était donc aisée à réparer. Moreau envoya un courrier au général Dessolles. Ce courrier rejoignit à Strasbourg celui du ministre, et alla avec lui jusqu'au quartier-général en chef à Augsbourg.

Le général Dessolles avait fait un voyage à Ratisbonne et se trouvait à Munich, lorsqu'ils arrivèrent tous deux. Il écrivit aussitôt à l'archiduc Jean et le prévint qu'il avait reçu l'ordre de recommencer les hostilités dans cinq jours. On s'attendait à cette nouvelle au quartier-général ennemi; elle n'étonna personne et l'on parut en être satisfait; dans le fait on avait bien moins de raison de craindre la reprise des hostilités que six semaines auparavant. Les mutineries étaient appaisées. L'organisation était terminée ; l'armée était très-nombreuse et supérieure même à la nôtre. Un frère de l'Empereur entouré de vieux généraux qui, si l'on en jugeait d'après leurs longs services, devaient être expérimentés, était à sa tête. Le peuple désirait la continuation de la guerre, parce qu'on lui avait fait croire que la France s'opposait à la conclusion de la paix ; ainsi parmi les troupes impériales, le courage et l'espoir avaient succédé à l'abattement et à la crainte.

Quoique la saison fût alors extrêmement mauvaise, et que les routes fussent presque impraticables, l'armée française pleine d'ardeur, et toujours de la meilleure volonté, s'avança rapidement et malgré tous les obstacles, sur le Rednitz, l'Altmühl, le Danube et l'Iser où le général Dessolles avait jugé à propos de concentrer ses forces. L'esprit qui animait cette armée, était le même que celui qui l'enflammait à la rupture du premier armistice ; il était même meilleur qu'auparavant, s'il était possible, parce que le soldat se persuadait que l'Autriche ne s'était déterminée à continuer la guerre que par condescendance pour l'Angleterre, cette

ennemie

ennemie mortelle du nom français. Cette circonstance ajouta encore à son enthousiasme ; il méprisait toutes les incommodités de la saison et brûlait de désir et d'impatience d'aller se mesurer avec ceux qui osaient être les amis des Anglais, au moment où l'Europe entière s'éloignait d'eux.

C'est dans cette disposition que Moreau trouva l'armée lorsqu'il arriva à Munich, après avoir quitté * Paris où il avait laissé une jeune et aimable compagne qu'il avait unie à sa destinée huit jours avant son départ. D'après un compte extrait d'un rapport fait à l'état-major, l'armée française était de 103,721 hommes, infanterie, cavalerie et artillerie, c'est-à-dire de 15,000 hommes plus faible que l'armée ennemie. Mais les troupes françaises ont principalement sur les Autrichiens, et, si je puis le dire, sur toutes les troupes du monde, un avantage qui doit tôt ou tard leur asservir la fortune, même quand elles n'auraient que des chefs médiocrement instruits. Les armées autrichiennes, russes, prussiennes peuvent se battre avec autant de valeur que

* 18 ou 19 novembre. Arrivé à Munich, Moreau publie une proclamation datée du 27.

les nôtres; dans aucunes circonstances leurs mouvemens ne sont aussi rapides; je pose en fait qu'elles ne sont pas en état de combattre après une marche forcée, et sans prendre de repos, comme cela arrive tous les jours à l'armée française. D'après la nouvelle tactique, l'art de la guerre consistant dans l'adresse des chefs et dans l'agilité du soldat, les Français peuvent être battus une ou plusieurs fois, mais néanmoins on peut être certain qu'ils reprendront toujours leur supériorité. Cela vient encore de ce que le soldat se prête à toutes les privations qu'on lui laisse éprouver, sans témoigner de mécontentement, de ce qu'il supporte les fatigues de la guerre, aussi bien ou mieux encore que le russe le plus endurci; (ce qu'on n'aurait pas cru d'une nation délicate) de ce qu'il chante et de ce qu'il ne perd jamais sa gaieté.

A son arrivée à Munich, Moreau trouva une partie de l'armée dans la position que j'ai indiquée, et l'autre partie, en marche au-delà de la ligne fixée au moment de l'armistice. Elle était partagée en quatre corps principaux dont chacun, excepté le centre, était commandé par un Lieutenant-général. L'aile droite, sous les ordres du général Lecourbe, était composée des divisions Molitor, Gudin, Montrichard et Nansouty, et s'élevait en tout à 23731 hommes. Le centre était sous les ordres immédiats de Moreau ; les quatre divisions Grouchy, Richepanse, Decaen et Dhautpoult dont il était composé, se montaient à 28433 hommes. Le lieutenant-général Grénier commandait l'aile gauche, dans laquelle servaient les divisions Legrand, Ney et Hardy, montant ensemble à 27475 hommes. Le corps d'armée placé sur le Bas-Rhin était toujours sous les ordres du lieutenant-général Bruneteau Sainte-Suzanne, et en son absence, sous ceux du général Collaud ; il était formé des divisions Collaud, Souham et Delaborde, et fort de 24082 hommes.

Instruit que l'ennemi avait reserré son armée sur la rive droite de l'Inn, et qu'il n'avait sur la gauche qu'une faible ligne d'avant-postes, le général Moreau résolut d'examiner attentivement cette position sur tous les points, et de se placer de manière à pouvoir empêcher l'ennemi de mettre des avancées sur la rive gauche de cette rivière. En conséquence, l'aile droite reçut l'ordre de s'étendre depuis Feldkirch jusqu'à la rive gauche de l'Iser, le long des frontières du Voralberg et du Tirol, et cela dans le dessein de surveiller sur la rive droite de l'Iser la chaussée de Rosenheim. La division Richepanse fut placée sur la route d'Ebersberg à Wasserbourg, et de droite et de gauche les divisions Decaen et Grouchy étaient placées à Zornoldingen et Parsdorff comme corps de réserve. L'aile gauche étendit son flanc droit depuis Hohenlinden jusqu'au chemin de Haag et de Mühldorff, et le flanc gauche se prolongea jusques Hartkofen, pour garder les différens passages de l'Iserthal. Un détachement, composé de quelques bataillons et de deux escadrons de cavalerie légère, fut placé à Vilsbibourg pour couvrir le chemin qui va d'Alt-Œttingen à Landshut par Eggenfelden. Le corps du Bas-Rhin resta sur l'Altmühl et les deux rives du Danube, vers Ingolstadt. Il était destiné à entretenir la communication des deux ailes de l'armée.

Telle était la position de l'armée française à l'époque du 28 novembre, jour auquel les hostilités devaient recommencer. Comme je l'ai déjà dit, le général Moreau était incertain si l'ennemi se tiendrait uniquement sur la défensive, ou s'il attaquerait : il résolut donc de faire un mouvement qui contraignît le général autrichien à découvrir ses projets. Il fit attaquer la ligne des avant-postes dans toute son étendue ; on les culbuta. Cela employa les 28, 29 et 30 novembre. Les Autrichiens se retirèrent de toutes parts, sans opposer une vive résistance ; mais ils défendirent vigoureusement le village de Dorfen. Le 30, l'aile droite occupant déjà Rosenheim, et une brigade de la division Decaen ayant pénétré jusqu'à l'Attel, on pouvait facilement, de ce côté, empêcher l'ennemi de passer l'Inn. Mais on n'avait pas pris Wasserbourg, qui était plus bas. Quoique les avant-postes eussent été également enfoncés dans cet endroit, il demeura cependant aux Autrichiens assez de terrain sur la rive gauche (à cause des circuits que fait l'Inn, de Wasserbourg jusqu'à Mühldorff), pour pouvoir y placer leur armée qu'ils y conduisirent par Gars, Kraibourg, Mühldorff et Braunau. C'était en effet la seule manœuvre qu'ils pussent faire, dans le cas où leur intention eût été d'attaquer, et le général Moreau plaça son aile gauche de manière à couvrir tous les passages de ces quatre points. Une division vint s'établir dans la plaine d'Ampfing ; une brigade derrière Haun, et une autre dans les environs de Dachau. On pouvait, par ces dispositions, surveiller l'Inn depuis Gars jusqu'à Mühldorff. Les autres divisions de cette aile furent placées depuis Kirschbrunn jusqu'au passage de Saint-Veit; elles étaient en face de Mühldorff et adossées à l'Iserthal et à Dorfen. La division Grouchy, qui jusqu'alors était restée à Parsdorff, s'avança vers Hohenlinden, et, en cas de besoin, devait soutenir l'aile gauche en servant de corps de réserve.

Ces différens mouvemens furent terminés le 30 novembre ; le même jour, le général en chef transporta son quartier-général d'Anzing à Haag. Les Autrichiens avaient abandonné ce dernier lieu, sans qu'il nous en coûtât d'efforts, et ils en étaient sortis en grand désordre, à ce qu'assurèrent les habitans; la division Ney les avait poursuivis vivement, sans qu'ils changeassent la résolution par suite de laquelle ils abandonnèrent volontairement le bourg de Haag; ils avaient dans les environs de Mühldorff environ 15,000 hommes, et dans une nuit ils pouvaient facilement rassembler toutes leurs troupes sur la rive gauche de l'Inn par les ponts de Kraibourg, Mühldorff et Braunau. Le général Moreau le craignait, et son dessein était de les attaquer avec toutes ses forces réunies ; mais les divisions qui étaient dans les environs de Wasserbourg et de Rosenheim ne pouvaient pas venir le joindre aussi promptement que si elles étaient allées sur l'Inn. Il ordonna donc à la division Grouchy de s'avancer vers Haag le 1er. décembre, à la pointe du jour.

Ce que Moreau avait craint arriva précisément ce jour là. L'ennemi, décidé à prendre l'offensive, avait placé dans la nuit du 30 novembre au 1er. décembre, environ 40,000 hommes près de Kraibourg et Mühldorff sur l'Inn, et à peine voyait-on clair, qu'il attaqua toute la ligne de Dachau jusqu'à Ampfing, avec la plus grande impétuosité. Moreau apprit en même temps que le 30 novembre le général Klenau était entré à Landshut, et qu'un corps considérable marchait sur Dorfen, pour s'emparer des défilés de l'Iserthal. Il envoya une brigade de la division Legrand à Dorfen, pour renfort, tandis que la division Ney, placée entre Haun et Haigerleë, attaquait aussi de son côté les colonnes ennemies, et les pressait parderrière. Les Autrichiens néanmoins étaient parvenus sans combattre, jusqu'à l'Iserthal, et s'étaient emparés des hauteurs de Rothenkirchen, d'où ils débordaient le flanc gauche de la division Ney, et pouvaient ainsi se rendre maîtres, sans difficultés, de la grande chaussée, seule voie par laquelle l'armée française pût faire sa retraite.

Le général Moreau, dès la veille, avait lui-même reconnu les dispositions des ennemis entre Ampfing et Mühldorff; d'après le calcul le plus exact des probabilités qui se présentaient à lui, il devait croire qu'il ne passerait pas la nuit entière tranquille. Il était convaincu qu'il serait attaqué; dans cette persuasion, il se leva dès trois heures du matin, et éveilla un de ses adjudans en lui ordonnant de se rendre aux avant-postes, et de le prévenir, dès que l'ennemi commencerait l'attaque. Cet avis lui fut donné vers neuf heures. Moreau monta alors à cheval, et trouva l'armée dans la position que j'ai décrite. Cette situation et la grande supériorité de l'ennemi le déterminèrent à se disposer à la retraite. Il envoya à la division Grouchy l'ordre de hâter sa marche pour couvrir la retraite de l'aile gauche, et il ordonna à la brigade du général Walter qui était près de Wasserbourg, de s'appuyer sur Haag, pour empêcher le passage de l'Inn que l'ennemi pouvait tenter à Gars.

Les Autrichiens cherchaient principalement à pénétrer par Dachau, et si cela leur réusissait, de marcher sur Haag par Ramsau ; là, ils pouvaient facilement enlever tout le quartier-général, s'emparer des administrations et couper la retraite de l'armée. Moreau s'en apercevant, après avoir fait les dispositions relatives à l'aile gauche, ordonna au commandant du quartier-général en chef de le transférer le plus rapidement qu'il serait en son pouvoir à Hohenlinden, et de faire en même temps des préparatifs pour transporter sur les derrières les blessés et les prisonniers. Pendant que les divisions Ney et Hardy s'assemblaient dans les environs de Haag, et que Grouchy mettait ses troupes en bataille près de Ramsau, les administrations et les bagages étaient déjà arrivés proche d'Hohenlinden, les prisonniers étaient en route, et les blessés étaient transportés loin de l'attaque, comme on pouvait, et à mesure qu'il arrivait des voitures pour eux.

Quoique dans cette journée l'ennemi fût supérieur de plus des deux tiers à l'armée française, et qu'il eût mis en désordre l'infanterie des divisions Ney et Hardy, il n'osa pourtant pas poursuivre son avantage et troubler notre retraite. Une seule brigade de la division Grouchy l'empêcha de nous suivre. Comme l'ennnemi avait pensé avoir toute l'armée devant lui, il ne crut peut-être pas prudent de marcher sur nos traces, afin de laisser le temps au général Klenau de nous couper le passage à Munich ou au moins à Augsbourg. On se contenta dans l'armée autrichienne d'avoir remporté un premier avantage sur nos troupes, qui depuis si long-temps étaient accoutumées à vaincre, et l'on y crut qu'après un essai aussi bien imaginé, aussi heureusement terminé, l'armée française se retirerait sans combattre jusques derrière le Lech.

Mais on s'était lourdement trompé. Il n'y avait que deux de nos divisions qui se fussent battues contre l'armée autrichienne presqu'entière; puisque ces deux divisions avaient pu faire une résistance aussi vigoureuse, que ne devait-on pas attendre de toute l'armée, si elle recevait l'attaque des ennemis, ou si elle marchait à sa rencontre avec ses forces réunies? Et d'ailleurs, Moreau, avant de quitter Haag, avait fait encore les dispositions les mieux concertées. Décidé à passer l'Inn aussitôt qu'il le pourrait, sans sacrifice d'hommes, il aurait vu volontiers que les ennemis l'attaquassent sur la rive gauche, faute qui devait entraîner les suites les plus préjudiciables pour eux, quand bien même elle leur aurait d'abord réussi.

Dans leur position, il ne leur restait plus autre chose à faire que de garder la défensive et de rendre, par tous les moyens, le passage de l'Inn difficile à l'armée française, entreprise qu'ils pouvaient aisément faire réussir, puisque la rive droite de cette rivière domine de beaucoup le bord opposé, et que l'art avait concouru avec la nature à la rendre inaccessible. Ils étaient adossés aux états héréditaires d'Autriche, et les subsistances ne pouvaient jamais leur manquer, tandis qu'il était déjà difficile de s'en procurer dans la Bavière et dans la Souabe. Sur les deux flancs, c'est-à-dire près du Danube et à la sortie du Tirol, ils pouvaient inquiéter sans cesse l'armée française, lui couper même toute communication avec la France; s'ils y parvenaient, et que Moreau se déterminât à détacher de l'armée un corps considérable pour se rouvrir le passage, c'était alors seulement le moment de reprendre l'offensive, en se portant sur le centre de l'armée, pour le forcer à rétrograder : au lieu de ces manœuvres, ils crurent que dès lors ils pouvaient nous attaquer ; et, se fondant sur leur supériorité, ils s'imaginaient nous contraindre aussitôt à la retraite. C'est d'après un plan arrêté conformément à cette opinion, que le général Klenau était chargé de couper la retraite de l'armée à Augsbourg, et de la repousser vers le Tirol, où le baron Hiller devait commencer de son côté à agir, tandis que le reste de l'armée poursuivrait ses opérations jusqu'au Rhin.

C'était précisément ce que Moreau désirait, et ce que, contre toute attente, il les vit disposés à entreprendre. Plus les Autrichiens plaçaient de troupes sur l'Inn, plus il devait lui devenir facile de passer cette rivière, une fois qu'il aurait battu l'armée. Tous les avis qu'il recevait de ses espions étaient uniformes et s'accordaient à dire que, par l'ordre de l'Archiduc Jean, l'ennemi cherchait à s'avancer et à gagner Munich, et effectivement, ses mouvemens confirmaient ces rapports; mais tant que la division Legrand resterait stationnée à Dorfen, celle de Grouchy, à Ramsau, et celles de Hardy et de Ney, à Haag, il n'y avait rien à craindre pour Munich ; Moreau, sans avoir besoin de se hâter, manda ses généraux pour se concerter avec eux et régler les mouvemens qu'ils auraient à faire jusqu'au 3 décembre. Quoique l'ennemi n'eût pas suivi l'armée le 1er. décembre, il prévit pourtant d'après les opérations du général Klenau, que les Autrichiens se porteraient en avant le 2 ou le 3, et chercheraient à gagner la plaine de Parsdorff. On pouvait s'y opposer avec avantage, et d'autant plus aisément que l'inégalité du terrain devait empêcher l'ennemi de manœuvrer et de déployer ses forces. A dix heures du soir, les délibérations étaient terminées et les positions distribuées pour le 3. Les généraux se hâtèrent de retourner à leurs divisions respectives qui quittèrent leurs bivouacs autour de Haag à la même heure, et se mirent en marche, chacune vers la destination qui lui avait été assignée. A minuit, Moreau partit pour Anzing avec le général Dessolles, sans suite. Le 2, à quatre heures du matin, la division Grouchy traversa Haag; à six heures le commandant du quartier-général en partit, et les Autrichiens y entrèrent trois heures après.

La division Grouchy n'avait pas encore atteint la forêt d'Hohenlinden, qu'elle aperçut derrière elle et en avant de Haag des corps ennemis. Ils avaient du canon et s'apprêtaient à l'inquiéter ; ils furent si mal reçus par le 4e. régiment d'hussards, qu'ils se contentèrent d'observer de loin cette division. Après cette première leçon, rien n'empêcha Grouchy de gagner tranquillement Hohenlinden, et de se placer au-delà de ce village, le long de la forêt. Le corps du général Grénier reprit sa position du 28 novembre, à Hohenlinden, et sa droite à Hartkofen. Les divisions Richepanse et Decaen demeurèrent, la première, à Ebersberg et la seconde, à Zornoldingen. Deux divisions du corps du Bas-Rhin reçurent l'ordre de gagner Frisingen à marche forcée, et d'y arriver le 3 décembre.

Les Autrichiens suivirent toujours la division Grouchy, et leur avant-garde se campa en deçà d'Hohenlinden, à la sortie de la forêt, et ainsi que nous, parallellement à ses bords. Vers huit heures du soir ils attaquèrent nos avant-postes, sans avoir d'autre dessein que de reconnaître leur placement. Il arriva le même jour dans l'Iserthal et aux environs de Leudorff un corps considérable d'Autrichiens qui y prit position, et l'on ne douta plus que l'armée ne fût réunie dans la forêt d'Hohenlinden qui, depuis ce village jusqu'à Matenpœt, offre un défilé d'une heure et demie de marche. On fut également convaincu qu'elle chercherait à pénétrer vers Anzing et Parsdorff.

D'après des présomptions aussi plausibles, Richepanse reçut l'ordre de se porter en avant le 3 décembre, à la pointe du jour, avec sa division, et d'aller d'Ebersberg à Matenpœt par Saint-Christophe, et de prendre l'ennemi soit en flanc soit parderrière. La division Decaen devait le suivre comme corps de réserve, et laisser derrière elle, à Ebersberg, un petit détachement qui, avec le corps que le général Lecourbe avait ordre d'amener de Pflœmering, devait surveiller Wasserbourg, et empêcher l'ennemi de faire, sur ce point, passer des troupes sur la rive gauche de l'Inn. Il fut ordonné à la division Grouchy et à l'aile gauche de se borner uniquement à soutenir l'attaque de l'ennemi jusqu'à ce que le général en chef leur envoyât l'avis qu'elles pouvaient reprendre l'offensive.

Le 3 décembre, à sept heures du matin, Moreau se mit en marche et alla d'abord à Hohenlinden où le combat venait de commencer. Le temps était affreux ; il pleuvait et neigeait tout à la fois : les chemins étaient si glissans que les chevaux pouvaient à peine se tenir. Les Autrichiens attaquèrent l'aile droite de la division Grouchy avec des forces tellement supérieures, qu'ils parvinrent à la déborder, et qu'après un combat opiniâtre elle fut forcée de perdre du terrein. Le général Grouchy s'en apercevant, tira du centre quelques régimens qu'il y fit marcher ; l'aile droite, ainsi fortifiée, regagna sa position. Les Autrichiens attaquèrent alors tout le front de cette division ; le terrein ne leur permettant pas de la tourner, cette attaque leur réussit beaucoup moins que la première. Ces efforts se faisaient des deux côtés de la grande route qui conduit de Haag à Hohenlinden, et dont les Autrichiens se seraient nécessairement emparés, si l'artillerie et les troupes qu'ils avaient laissées derrière eux dans le défilé du bois, avaient pu s'avancer. La division Ney qui se trouvait plus à la gauche d'Hohenlinden, fut attaquée de ce côté et de celui de Burgkrain, mais assez faiblement.

Cela fit soupçonner au général Moreau que les colonnes qui s'étaient avancées pouvaient être instruites de l'arrivée du général Richepanse à Matenpœt, et que par ce motif elles étaient incertaines du parti qu'elles

devaient

devaient prendre. Il ordonna au général Grénier de reprendre l'offensive. Les divisions Ney et Grouchy se formèrent aussitôt en colonnes et marchèrent avec vivacité vers la chaussée et l'embouchure du défilé. La promptitude et l'impétuosité avec lesquelles cette manœuvre fut exécutée, mirent l'ennemi hors d'état d'y résister ; il fut forcé de se retirer dans le bois, en perdant des hommes et en abandonnant son artillerie.

Suivant ce qui avait été convenu, la division Richepanse avait quitté Ebersberg, et sa première brigade avait déjà laissé Saint-Christophe derrière elle, lorsqu'elle fut attaquée en flanc, du côté d'Albichingen. Loin de s'en mettre en peine, le général avec l'avant-garde de sa division, continua sa marche sur Matenpœt, sans la suspendre, et commanda au général Drouet dont la brigade avait été attaquée, de se maintenir jusqu'à ce que l'arrivée de la division Decaen lui permît de venir se réunir à l'avant-garde. En arrivant à Matenpœt, et lorsqu'il se fut mis en bataille entre ce village et la chaussée, il se vit tout-à-coup environné de tant d'ennemis, sur-tout en cavalerie, que pour cacher sa faiblesse, il résolut d'attaquer, sans perdre un seul instant et avec vigueur, tout ce qui était devant lui pour les forçer à se jeter dans le bois. Cette manœuvre désespérée lui réussit contre toute attente ; elle commença à mettre le trouble et l'effroi dans les rangs ennemis.

D'un autre côté, le général Ney avait, dans le même temps, pénétré dans la forêt. Le centre de l'armée autrichienne avec un parc d'artillerie immense, était entièrement enfoncé dans le défilé, et ne pouvait faire autre chose que de se maintenir sur la chaussée. La cavalerie qui se trouvait dans le bois, les canons placés de distance en distance, étaient autant d'obstacles aux mouvemens qui auraient été nécessaires. Pressé de toutes parts et poursuivi, il ne resta plus à la fin à ce corps d'armée que de laisser là la défense de la chaussée, de se dissoudre et de chercher son salut en fuyant à travers le bois, soit à la débandade et isolément, soit que ses soldats restassent en petites troupes. Ce parti fut pris, mais dans le plus grand désordre, et en abandonnant toute l'artillerie que l'on avait engagée dans cette forêt de la manière la plus inconsidérée. Ney et Richepanse (ce dernier avait été rejoint par la brigade Drouet) se réunirent ainsi au milieu du bois et s'avancèrent ensemble sur Haag.

Au centre, la bataille était donc déjà terminée et gagnée avec une quantité prodigieuse d'artillerie, de voitures et de prisonniers, tandis qu'aux deux ailes on se battait encore avec le plus vif acharnement. L'aile gauche de l'armée française, qui était supérieure à l'aile droite des ennemis, aussi bien par le nombre que par la position qu'elle occupait, souffrit beaucoup plus que le centre, et ne put forcer l'ennemi à se retirer sur Lendorff et dans l'Iserthal, qu'après des efforts surhumains et avec l'assistance de la réserve de cavalerie. L'ennemi étant une fois chassé jusques là, comme le terrain ne lui permettait pas de s'étendre, il fallut, pour éviter d'être coupé par le centre, qu'il cherchât à gagner le chemin de Mühldorff avec une perte considérable d'artillerie et de prisonniers.

A l'aile droite, la division Decaen avait été délivrer la brigade Drouet, et s'était préparée à rejoindre les autres divisions; elle se mit à la poursuite d'un corps d'environ 900 hommes, qui vraisemblablement avait été séparé du centre par la division Grouchy, et qui cherchait à gagner Wasserbourg.

Avant d'y arriver, ce corps fut obligé de mettre bas les armes. Le général Decaen se contenta de laisser la légion polonaise à Saint-Christophe, et marcha rapidement sur Matenpœt avec le reste de sa division. A son arrivée, l'ennemi ayant déjà quitté ce lieu, il tourna ses pas vers Albichingen, pour couper encore une fois leur retraite. Pendant ce temps, le général Kniariewicz fut vigoureusement attaqué à Saint-Christophe et s'y maintint jusqu'à ce que le * général Durutte fut venu à son secours. L'ennemi fut alors repoussé avec une grande perte.

La nuit qui commençait, empêcha l'armée française de poursuivre plus loin les Autrichiens. La bataille était gagnée depuis quatre heures après midi ; si les ennemis opposaient encore de la résistance aux deux ailes, c'était ou parce qu'ils ignoraient ce qui s'était passé au centre, ou parce qu'on leur avait coupé toute retraite.

Vainqueur, et après une des plus belles journées qu'il eût vues depuis qu'il était général, Moreau retourna à Anzing sur le soir ; il y trouva une partie de ses officiers

---

* Aujourd'hui Lieutenant-général, commandant la troisième division militaire, Commandant de la Légion d'honneur, Chevalier de Saint-Louis, etc.

qui l'y avaient précédé. Son premier mot fut : « N'est-ce pas, nous avons fait aujour-» d'hui de bonne besogne? c'est la paix ; elle » ne peut pas tarder plus long-temps. » Et cette pensée occupait tant son ame, qu'il s'écria plusieurs fois dans la même soirée, en parlant des résultats de cette victoire : « C'est la paix, c'est la paix. » Il admirait la valeur de la légion polonaise qui, cette journée-là, s'était battue pour la première fois sous ses yeux. Lui et le général Dessolles la vantaient avec un égal enthousiasme ; mais la paix était et demeurait toujours la pensée favorite qui plaisait le mieux à son cœur.

L'histoire fournit peu d'exemples d'une * défaite aussi complète que celle des Autrichiens à Hohenlinden. Le chemin qui conduit de ce village à Matenpœt était couvert de morts et de blessés ; des pièces d'artillerie et des caissons de munitions en grande quantité étaient placés sur cette route de

---

* Le rapport officiel de Moreau, daté d'Anzing, porte : » Nous avons pris environ 80 bouches à feu et 200 caissons, » 10,000 prisonniers, un grand nombre d'officiers, parmi lesquels sont trois généraux. La poursuite a duré jusqu'à la nuit. » J'estime notre perte à un millier d'hommes, tués, blessés ou » prisonniers ; celle de l'ennemi est incalculable.

distance en distance, ou bien étaient renversés dans les fossés qui la bordaient. Des chevaux et des hommes erraient çà et là dans l'épaisseur de la forêt. Ces hommes attendaient la mort ou la captivité, et il fallait qu'ils se rendissent, ou que, tapis dans les taillis, ils se résolussent à mourir de faim.

Sans prétendre porter atteinte aux talens militaires des généraux impériaux, je dois avouer que jamais, à ma connaissance, on ne s'est déterminé à livrer une bataille avec plus de négligence et d'étourderie qu'à la journée d'Hohenlinden. Comme on ne peut leur refuser des connaissances dans l'art militaire, et de l'expérience, on ne doit leur reprocher dans cette circonstance, que d'avoir reçu des renseignemens totalement faux sur la position, la disposition morale et la force de l'armée française. L'action du 1er. décembre, malgré l'avantage qu'ils y obtinrent, leur fut d'un tel préjudice, que dans la suite ils auraient souhaité y avoir eu le dessous. Ils croyaient par là et par le mouvement du général Klenau, avoir mis l'armée française dans le plus grand désordre et l'avoir découragée, de manière qu'il lui serait impossible de se rallier sur la rive droite du Lech et d'empêcher les Autrichiens de pénétrer jusqu'à Munich. Lorsque le 1er. décembre ils se battirent avec deux fortes divisions, et que dans la retraite de celles-ci, ils en aperçurent une troisième aussi forte que les premières, ils prirent ces trois divisions pour le gros de l'armée. Ils savaient cependant, à n'en pouvoir douter, qu'il y avait encore des troupes françaises à Dorfen, à Wasserbourg et à Rosenheim ; mais, comme on se garda bien de les leur montrer, qu'aucun espion n'osa se hasarder à aller reconnaître leur force, ils se persuadèrent sans peine qu'il n'y avait dans ces divers endroits que des détachemens peu nombreux.

C'est à cette ignorance de la véritable force de l'armée française et à la trop grande confiance qu'avaient les Autrichiens dans leur supériorité, que j'attribue l'imprudente démarche qu'ils firent le 3 décembre, en s'engageant dans la forêt d'Hohenlinden. Ils ne s'imaginaient pas qu'on pût leur opposer de la résistance, et ils étaient persuadés que l'armée française n'attendrait pas leur attaque, ou que, si elle tenait, elle ne serait pas assez forte pour que cela pût durer. Ils regardaient comme physiquement impossible que l'armée pût être réunie sur un seul point, du 2 au 3; dans leur opinion, Moreau devait avoir soin de se ménager sa retraite, et déjà, selon eux, il devait avoir détaché un corps considérable sur Frisingen. Ils en étaient si intimement persuadés, qu'ils disaient dans leur langage ironique, qu'ils ne feraient qu'une simple halte à Anzing, et qu'aussitôt ils marcheraient sur Munich, dont le Prince de Lichtenstein était d'avance nommé commandant. Cela leur fit conserver leur ordre de marche qu'on pouvait regarder comme extraordinaire, et que même en temps de paix on n'aurait pas voulu suivre. Leur avant-garde demeura composée de quelques bataillons de grenadiers; après elle venait immédiatement tout le parc d'artillerie, puis le corps d'armée, puis la cavalerie qui était encore à l'entrée du bois, tandis que Richepanse était à Matenpœt, fermait la marche.

Après la bataille, l'armée française prit position dans les environs de Haag, et le 4 décembre le quartier-général en chef fut placé pour la seconde fois dans cette petite ville. La division Legrand fut réunie au corps d'armée du Bas-Rhin, pour forcer le général Klenau à repasser le Danube. Pendant cette journée et la suivante, on découvrit encore dans la forêt d'Hohenlinden une foule d'Autrichiens qui s'étaient égarés et qui, pressés par la faim, furent contraints de se rendre.

Moreau avait résolu de passer l'Inn, et ce devait être le résultat nécessaire du gain de la bataille. Cette opération lui réussit, et ce fut alors qu'il fut fondé à placer la bataille de Hohenlinden parmi les plus célèbres et les plus avantageuses par leurs suites. Là s'accumulaient des obstacles qu'il ne pouvait se flatter de surmonter avec une armée comme la sienne. Comme il était à croire que les Autrichiens avaient songé à profiter de leur position au-delà de l'Inn, déjà fortifiée par la nature, et rendue inaccessible par l'art, et de plus qu'ils étaient disposés à effacer par une vigoureuse défense, la tache que leur avait imprimée leur défaite, on ne pouvait présumer que ce passage réussirait si aisément. Leur intention paraissait en effet de se défendre avec ardeur, lorsqu'à chaque attaque on les voyait concentrer leurs forces vers les têtes des ponts de Mühldorff, Kraibourg et Wasserbourg, et sur la rive droite de l'Inn; mais ils étaient trop peu instruits des mouvemens de l'armée française ; Moreau savait les leur cacher, et il leur fut non-seulement impossible de les apercevoir, mais même de les deviner. Lecourbe arriva le 9 décembre à Neubeurn sur l'Inn, tandis que l'Archiduc Jean, qui marchait vers ce lieu en toute diligence pour l'empêcher d'y parvenir, en était encore éloigné de deux journées.

Pour cacher aux Autrichiens le point sur lequel devait s'opérer le passage et l'époque qui avait été fixée, Moreau fit reposer son armée pendant quelques jours dans sa position de Haag. De là elle pouvait se porter avec la plus grande facilité à l'attaque des têtes de pont, et au passage de l'Inn sur Mühldorff, Kraibourg et Wasserbourg ; car des routes en bon état se dirigeaient de Haag vers ces différens points. Les Autrichiens furent forcés de tenir leur armée rassemblée dans ces environs, et le corps du général Grénier demeurant placé entre Wasserbourg et Mühldorff, il fallait qu'ils se tinssent sur leurs gardes, et sur-tout aux points désignés. Enfin le passage eut lieu ; mais ils ne s'aperçurent pas que du 7 au 8 décembre, le centre décampa brusquement de Haag pour se porter sur Aibling par Ebersberg, et se réunir ainsi à l'aile droite: Lorsque l'Archiduc Jean le sut, il partit en hâte de Mühldorff pour aller vers Wasserbourg et Rosenheim; la longueur de la route qu'il avait à parcourir ne lui permit pas d'arriver à temps.

Le 8 décembre, vers le soir, l'aile droite et le centre étaient réunis et occupaient une ligne entre Neubeurn et Aibling, de manière que Rosenheim était presque dans le milieu. Le 9, à la pointe du jour, des ponts furent jetés près de Neubeurn. Il n'y avait précisément dans ce lieu qu'un poste d'environ 40 hommes qui firent feu et se retirèrent aussitôt. Toute l'aile droite et deux divisions du centre passèrent la rivière sans perdre un seul homme, et poursuivirent sur la rive droite, jusqu'à Saint-Etienne, des Wurtembergeois et des troupes de l'armée de Condé. Tandis que cela se passait à Neubeurn, Moreau, avec une division du centre, marchait sur Rosenheim pour empêcher l'ennemi de rompre le pont qui y était placé, et pour faire une diversion qui favorisât le passage. Il y eut là une canonnade longue et fort vive, mais qui n'eut pas de suite, parce que le pont fut brûlé dès que notre armée s'en approcha.

Le général en chef plaça encore le même jour son quartier-général à Rosenheim; dans la nuit du 9 au 10, il fit jeter un peu plus haut que le pont de bois qui y existait, un pont de bateaux sur lequel passa la division Richepanse. Les Autrichiens virent alors qu'il n'était plus nécessaire de chercher à défendre les têtes des ponts de Wasserbourg, Kraibourg et Mühldorff, et se hâtèrent de prendre une nouvelle position derrière la Salz.

D'après cela, l'aile droite de l'armée française reçut ordre de se diriger vers Seebruck, Traunstain et Teiffendorff sur la Saal. Les divisions Decaen et Richepanse marchèrent sur Altenmarckt par la route de Wasserbourg, pour forcer l'ennemi à évacuer le pays entre l'Inn et la Salz, et prirent aussitôt des positions le long de cette dernière rivière, vis-à-vis Lauffen. Deux divisions de l'aile gauche passèrent l'Inn à Wasserbourg et marchèrent aussi sur Lauffen, après avoir laissé un petit détachement à Tittmaning. La division Ney passa l'Inn à Mühldorff, se plaça sur la petite Salz et masqua Burghausen.

Comme la Salz était la dernière barrière qui pût empêcher l'armée française de pénétrer dans les états héréditaires de l'Autriche, les Impériaux cherchèrent tous les moyens possibles pour l'y arrêter. Ils n'avaient pu défendre le passage de l'Inn, qui était sans comparaison plus difficile à franchir, comment pouvaient-ils se flatter de la retenir aux bords de la Salz? Malgré le peu d'apparence qu'ils pussent y réussir, ils ne voulurent rien négliger; et comme ils s'attendaient qu'on chercherait à passer la rivière ou près de Lauffen, ou près de Salzbourg, ce fut entre ces deux points que furent placées leurs principales forces.

Le général Lecourbe, soutenu par la division Grouchy, se porta le 12 décembre, avec le corps d'armée sous son commandement, aux environs de Teiffendorff. Il reçut l'ordre de passer le jour suivant la Saal et de s'emparer du village de Waal, mouvement qu'il exécuta avec autant de promptitude que de bonheur. Pendant que cela se passait à l'aile droite, le général Decaen marchait sur Lauffen où il trouva le pont rompu. Pour y remédier sans le moindre retard, des soldats se jetèrent à la nage, traversèrent la rivière et ramenèrent du rivage opposé assez de nacelles pour qu'on pût y placer environ 80 hommes, nombre qui était suffisant pour chasser l'ennemi des hauteurs d'où il faisait un feu continuel sur le pont.

Moreau fit encore venir à Lauffen les divisions Grouchy et Richepanse, et il ordonna en même temps au général Grénier de s'avancer avec deux divisions de son aile. Les ponts de bateaux étaient préparés ; tandis qu'on les mettait en état, on avait aussi rétabli le pont que l'ennemi avait rompu. Ces manœuvres et ces travaux furent faits et disposés du 13 au 14.

Dans la matinée du 14, au moment où il n'y avait encore qu'environ 500 hommes de la division Decaen sur la rive droite de la Salz, Moreau reçut avis que l'aile droite était engagée dans un combat très-vif entre la Saal et la Salz. Lecourbe, d'après les ordres précis qui lui avaient été donnés, ne devait absolument point s'engager dans une attaque ; mais il devait seulement garder sa position sur la rive droite de la Saal, menacer par-là l'ennemi de passer la Salz à Salzbourg, pour l'empêcher, par cette crainte, de porter ses forces sur Lauffen. L'ambition de ce général ne put se contenter de cette mission ; il voulait avoir l'honneur d'être le premier à Salzbourg. Lorsqu'il apprit que la division Decaen avait déjà commencé de passer la Salz, il attaqua les Autrichiens, dans la vue d'entrer en même temps qu'eux à Salzbourg. Mais l'Archiduc Jean, qui s'attendait qu'on passerait sur ce point, y avait concentré toutes ses forces, et sut si bien les employer que Lecourbe, bien qu'il opposât une vigoureuse résistance, se replia et fut obligé de se retirer jusqu'aux bords de la Saal, après avoir perdu près de 2,000 hommes *.

Les Autrichiens l'auraient poursuivi plus loin, si, pendant le temps de cette attaque, la division Decaen n'avait traversé toute entière la Salz à Lauffen, et malgré le feu d'artillerie le plus vif, ne s'était avancée sur Salzbourg; cette manœuvre leur fit craindre d'être pris en flanc, et s'ils se hasardaient davantage, d'être séparés des bords de la Salz par Salzbourg. Ils se retirèrent donc dans la ville sur le soir, et dans la nuit du 14 au 15 décembre, ils l'abandon-

---

* On remarquera ici des contradictions avec les relations adressées par le général Dessolles; mais, malgré cela, mon rapport n'en est pas moins conforme à la vérité. Si le brave et loyal Dessolles s'est tu, c'est par ménagement pour Lecourbe, et pour des motifs que je ne puis partager.

Note de l'auteur.

nèrent tout-à-fait. La division Decaen y arriva à huit heures du matin, et à neuf, Moreau y avait déjà placé son quartier-général.

Les Autrichiens avaient fait leurs derniers efforts pour la défense de la Salz, et ces efforts ayant été vains, les Etats héréditaires demeuraient ouverts de toutes parts à l'armée française. Depuis la bataille de Hohenlinden, l'armée autrichienne était diminuée de moitié; elle perdit beaucoup de monde à chaque rencontre en morts, en blessés et en prisonniers, et elle en perdit beaucoup aussi par la désertion, tandis qu'elle était en-deçà de l'Inn. Cela paraîtra tout naturel, si l'on pense aux marches forcées qu'elle fut obligée de faire en si peu de temps, et dans quelle saison elle tenait la campagne. Elle avait continuellement combattu, ou avait battu en retraite sans avoir de repos ni de jour, ni de nuit; elle était mal vêtue, et par conséquent mal garantie du froid; elle était composée pour la plus grande partie, de troupes nouvellement levées, qui n'étaient pas habituées aux fatigues de la guerre; et ce qui lui nuisait plus encore que l'armée qu'elle avait à combattre, c'était sans contredit ses administrations

ministrations qui ne prenaient jamais de mesures bien conçues pour que l'armée ne manquât pas de subsistances dans ses marches. Ce défaut d'ordre entraînait à sa suite un autre inconvénient Le soldat pillait partout où il passait; il devenait l'ennemi des habitans, et les chassait de leurs maisons. Le courage s'affaiblissait d'un jour à l'autre. Le soldat n'avait plus aucune confiance dans ses officiers : ceux-ci accusaient hautement leurs généraux d'impéritie, et souvent s'applaudissaient de tomber entre les mains des Français. Il était on ne peut plus facile de faire des prisonniers ; l'infanterie autrichienne se rendait sans qu'il en coûtât d'efforts, et n'osait opposer une résistance soutenue.

Dans cette position, l'archiduc Jean, accablé de tant d'événemens fâcheux et de circonstances qui les aggravaient, se retira de Salzbourg sur Neumarck.

Si l'on prend la carte, et qu'on suive les mouvemens de l'armée française, on se convaincra que dans cette campagne Moreau a suivi des principes de tactique inusités jusqu'alors. Ordinairement un général a grand soin d'empêcher que l'ennemi ne passe sur ses derrières ou ne déborde ses flancs; dans ce dessein, il évite d'avancer sur un point plus que sur un autre ; Moreau, au contraire, s'en inquiéta peu ; il n'y fit même aucune attention dans le cours de cette campagne. Il avait laissé son aile gauche, pour ainsi dire, toute ouverte, et par le Tirol il eût été facile de tourner et d'environner sa droite. Comme les Autrichiens avaient 20,000 hommes dans cette province, je ne conçois point encore aujourd'hui pourquoi ils ne cherchèrent pas à en sortir dans le même instant que le général Klenau se mit en marche de Ratisbonne. Il est probable cependant que cela n'aurait pas plus écarté Moreau de son système que leur mouvement sur l'aile gauche de son armée. On a vu que, sans s'embarrasser trop de ce qui se passait aux flancs, son principe était de tenir son armée rassemblée, d'attaquer toujours le corps d'armée qui lui était opposé avec une grande supériorité de forces, de le rompre, et de le poursuivre sans relâche jusqu'au centre des Etats héréditaires. C'est par l'exécution de ce plan qu'il forçait les corps détachés sur ses flancs à se retirer avec précipitation, s'ils ne voulaient pas être coupés. Par ce moyen il ôtait aux mouvemens de l'armée ennemie leur ensemble, et n'avait jamais à la combattre en masse.

Ce système, tout hasardeux qu'il est au fonds, n'en était pas moins le seul et le meilleur qu'il pût embrasser dans sa position, et l'expérience a montré qu'il était parfaitement appliqué. Mais il avait à craindre que, marchant en avant et ayant le Tirol derrière lui, les troupes qui y étaient placées, ne pussent faire une puissante diversion. Pour y obvier, sans retarder néanmoins les autres opérations de l'armée, les généraux Gudin et Nansouty devaient garder les issues de cette province, tandis que le général Lecourbe, en côtoyant les bords, marchait sur Gmünd, sans en passer les frontières. La province du Tirol était regardée dans son ensemble comme une place qu'on se contentait de bloquer de trois côtés.

Le centre, dont la division Richepanse formait l'avant-garde, reçut ordre de suivre l'ennemi par la route qui mène de Salzbourg à Lintz; et l'aile gauche, dont une partie était allée à Lauffen et l'autre à Burghausen sur la Salz, devait bloquer Braunau et ensuite chercher à prendre Scharding.

Le général Richepanse joignit, le 16 décembre, l'arrière-garde des Autrichiens avant qu'elle n'arrivât à Neumarck; il l'attaqua, lui fit 600 prisonniers et lui prit 4 pièces de canon. Après le passage de la Salz, l'armée ennemie ne voulait plus en venir aux mains, et lorsqu'elle était atteinte, elle se retirait sans opposer de résistance. La division Richepanse était la seule de toute l'armée, qui allât encore au feu. Toutes les autres ne trouvaient plus d'ennemis et n'avaient plus occasion de les battre.

Moreau, avec son quartier-général, suivait de près l'avant-garde, et n'en était ordinairement éloigné que de 2 ou 3 lieues.

Le 18, Richepanse arriva en présence des Autrichiens à Voyelbrück ; seul, il les défit en ce lieu, et fit prisonnier le général baron de Lœppert.

Le 19, il semblait que l'ennemi voulait défendre la position de Lampach. Dans ce dessein, il avait changé la composition de son arrière-garde, et y avait mis des manteaux-rouges, des hulans et des hussards du régiment de Mezeray. Ces corps étant demeurés jusqu'alors à l'aile droite, et n'ayant que peu ou point souffert, on devait s'attendre qu'ils défendraient le poste qu'on leur confiait avec plus d'opiniâtreté que leurs prédécesseurs n'en avaient montrée. Le général Moreau fit avancer la division Grouchy à Schwanstadt où il se rendit lui-même ; elle devait, en cas de nécessité, marcher au secours du général Richepanse : mais celui-ci tint tête à l'ennemi, de manière que la division qui devait le seconder n'eut pas un pas à faire. Pendant qu'il se battait dans la plaine de Lampach, et qu'il renversait la cavalerie, quelques bataillons se glissèrent par ses ordres sur la rive droite de l'Ager près de Lampach, et se rendirent maîtres d'un défilé situé à la droite d'une abbaye. A leur retraite, les Autrichiens furent forcés d'y passer, et perdirent dans cette ville et dans cette étroite issue qu'il fallait qu'ils traversassent, un grand nombre de soldats. Les manteaux-rouges souffrirent sur-tout dans cette rencontre ; il en fut de même des hulans dont le colonel, le Prince de Lichtenstein, fut fait prisonnier, ainsi que le général Mecery, et environ 20 officiers. Lampach et ses environs présentaient un spectacle affreux. Jamais dans un espace aussi borné, on n'avait vu une aussi grande quantité de morts et de blessés.

De Lampach les Autrichiens se retirèrent, partie à Kremsmünster, et partie à Wels, pour, de ce lieu, aller à Lintz et à Kremsmünster. La division Richepanse, fortifiée alors de la division Grouchy, les suivit le 20 décembre par la route qui mène directement de Lampach à Kremsmünster, et le même jour, la division Decaen marcha de Lampach à Wels, où l'on croyait que les Autrichiens chercheraient à tenir à cause de la plaine qui s'y trouve, et disputeraient le passage de la Traun. Mais ils furent probablement instruits du mouvement du général Richepanse ; ils surent peut-être aussi que le général Grénier arriverait le 20 à Wels, et que de ce lieu ils pourraient être coupés par Lintz et Stener ; à neuf heures du matin, ils en sortaient déjà, et même dans le plus grand désordre. A dix heures, l'avant-garde de l'aile gauche y entra.

Ce fut alors que l'Archiduc Charles revit l'armée pour la première fois. A ce spectacle, il éprouva tout ce qu'un général aussi expérimenté, aussi sage que patriote devait ressentir. En effet, quand on ne l'a pas vu, on ne peut que difficilement y suppléer et se faire une juste idée de l'abattement de cette armée et du désordre dans lequel elle fuyait au-delà de Wels. Infanterie, cavalerie, artillerie, tout courait pêle-mêle, et quand les Français se montraient, l'on se rendait volontairement, ou l'on cherchait le salut par la fuite. Sur toutes les routes, presque dans tous les villages on ne voyait que des prisonniers autrichiens qu'on escortait pour les conduire à Salzbourg, ou qui s'y rendaient sans gardes et de leur plein gré. Cela était allé à un tel point, et on en prenait tant tous les jours, que dans différens endroits, comme Frankenmarck, Voyelbrück, Schwannstadt et Lambach, on ne les gardait plus du tout, et qu'à cause de la marche rapide de l'armée, on ne trouvait plus d'escorte sur les derrières pour les conduire plus loin. Beaucoup d'entr'eux se dispersèrent dans le pays et s'en retournèrent dans leurs foyers ; d'autres se mirent à piller, mal auquel la situation des choses ne permettait guères de remédier.

Outre les prisonniers, il n'y avait pas d'affaire où l'on ne s'emparât de canons et toujours de quantité de transports. La division Richepanse ne se donnait pas la peine de les conduire sur les derrières ; elle se contentait de les laisser sur la place où on les avait pris, et se hâtait de marcher en avant, sans s'en embarrasser. On brûla les voitures des bagages et une grande partie des caissons de munitions par parc, et au lieu même où les Autrichiens les avaient abandonnés. On s'occupait seulement de mettre en sûreté le fer qu'on extrayait et l'artillerie. Par le manque de chevaux, on fut souvent obligé de retarder cette opération de plusieurs jours.

L'aile gauche et la division Decaen entrèrent, comme je l'ai déjà dit, le 20 décembre à Wels. Le général Moreau, s'attendant que les Autrichiens chercheraient à prendre une position sur l'Ens, fit marcher le même jour Grénier sur Lintz, et les divisions du centre partirent pour Kremsmünster où Lecourbe se réunit à elles.

Le 21 décembre l'armée arriva aux points qui lui avaient été assignés, et se prépara à passer l'Ens. La division Richepanse allait se porter sur Steyer, lorsque le général comte de Meerfeld parut aux avant-postes, et demanda à aller au quartier-général à Wels comme parlementaire. On fit quelque difficulté de le laisser passer, parce qu'on craignait qu'il ne fût chargé de demander un nouvel armistice ; comme il assura que sa mission avait un rapport direct à la paix, le général Richepanse ne crut pas devoir lui refuser sa demande.

Il pouvait être environ dix heures lorsqu'il entra dans Wels et qu'on annonça son arrivée au général Moreau. Lahorie vint aussitôt à lui pour connaître sa mission. Elle n'était, comme on l'avait prévu, que de demander un armistice, pour la conclusion duquel il n'avait même aucun plein pouvoir. Quoiqu'alors rien ne put empêcher l'armée française de s'avancer jusqu'aux portes de Vienne, ou de prendre parderrière l'armée autrichienne qui était en Italie, Moreau, à qui il ne tenait pas que la paix ne fût conclue, ne crut pas devoir refuser par avance une trève qui pouvait être un heureux acheminement; il déclara qu'il était prêt à l'accepter, si l'Empereur voulait se résoudre à conclure avec la France une paix séparée, sans la participation de l'Angleterre, et s'il consentait, en attendant, à évacuer le Tirol.

Ces deux conditions ne purent être admises par le comte de Meerfeld comme les bases de la négociation de l'armistice; il motiva son refus sur le défaut d'instructions. L'armistice ne pouvait donc plus se traiter au quartier-général, et déjà les ordres étaient expédiés pour faire continuer avec activité les hostilités qui avaient été un instant suspendues à l'arrivée du Comte, lorsque Moreau résolut de lui accorder une trêve de 48 heures, pour laisser le temps à la Cour de Vienne de se prononcer sur ses propositions; il les remit à M. de Meerfeld dans une lettre adressée au prince Charles. Le comte partit donc de Wels à trois heures de l'après-dîner pour retourner à l'armée autrichienne par Kremsmünster.

Le quartier-général en chef demeura encore le 22 à Wels; le 23, aucune nouvelle n'arrivant de la Cour de Vienne, il fut placé à Kremsmünster, et l'armée reçut l'ordre de se porter en avant. Le même jour elle s'empara de Steyer *, où elle prit quantité de voitures et 17 pièces de canon. De Steyer elle marcha vers l'Ips où elle parvint sans que les Autrichiens cherchassent à défendre ce passage. L'aile gauche qui avait trouvé à Lintz ** des magasins immenses, se tourna de là vers Ebersberg et sur l'Erlaph. Le 24, l'armée marcha tout le jour sans voir l'ennemi; il s'était retiré, en laissant derrière lui, en différens endroits, de déplorables traces de son passage.

* Suivant le rapport du général Dessolles, on fit à Steyer près de 4,000 prisonniers.

** 10,000 barils de farine et 25,000 sacs d'avoine, suivant le rapport officiel.

Le 23, Moreau avait donné l'ordre de placer le quartier-général à Steyer ; sur ces entrefaites, de nouvelles négociations s'étant entamées, il demeura jusqu'à leur conclusion à Kremsmünster. Les envoyés autrichiens avaient dit, lorsqu'ils étaient à Wels, qu'une armée ennemie ne s'était jamais avancée impunément dans les états héréditaires de l'Empire ; malgré ces menaces, Moreau s'attendait à les voir bientôt revenir à lui avec de nouvelles propositions ; et, dans ce cas, pour ne pas perdre de temps, le général Lahorie devait, le 22, se rendre aux avant-postes, et s'avancer avec l'armée à Steyer.

L'intention de Moreau ne pouvait être de continuer ses conquêtes ; la gloire de son armée et la sienne propre étant au comble, il lui paraissait convenable de conclure une trêve, mais dans le cas seulement où l'Autriche se déterminerait à faire une paix séparée. Son refus avait été la seule raison qui eût fait recommencer la guerre ; ce motif une fois détruit, il n'y en avait plus pour la continuer. En outre *, des consi-

---

* Le général Dessolles, dans un rapport du 25 décembre, rend compte des motifs qu'avait Moreau de conclure un ar-

dérations bien sages portaient Moreau à faire cesser les hostilités, tandis que cela était en son pouvoir. Il savait que le général Bellegarde avait détaché 29,000 hommes de son armée pour aller dans le Tirol et vers Klagenfurt. Ces troupes se réunissant avec celles qui se trouvaient déjà dans cette province, étaient en état de faire une puis-

---

mistice. » Le général en chef, dit-il, considérant que la ligne » de la Traun et de l'Enns était forcée, que nous nous trouvions de cent lieues en avant des autres armées, et déjà sur » les derrières de l'armée autrichienne en Italie; que par conséquent M. de Bellegarde avait les deux grands débouchés de » Salzbourg et d'Inspruck, pour faire un détachement qui, se » joignant aux troupes laissées dans le Tirol, pouvait se porter » sur nos derrières et interrompre nos communications, avec la » France, a cru devoir consentir à une suspension d'armes qui, » en nous procurant de grands avantages, nous mettait à même » d'attendre les mouvemens de l'armée d'Italie (*commandée par* » *Brune*) dont nous n'apprenions encore aucune nouvelle.

» Le caractère de l'Archiduc Charles, sa loyauté bien con» nue nous étaient des garans du désir qu'avait l'Empereur de » terminer la guerre. Il y était d'ailleurs forcé par l'état déplo» rable de son armée qui, ayant perdu dans vingt jours 70 » lieues de terrain, 25,000 prisonniers, 12 ou 15,000 morts » ou blessés, 140 pièces de canon et des magasins immenses, » n'était plus à même et ne le sera de 3 mois, d'empêcher » notre armée de conquérir toute l'Autriche, et de dicter des » lois dans sa capitale : mais pour le faire sans danger, il » fallait que l'armée d'Italie fût déjà maîtresse de la tête des » défilés de la Carinthie, etc. »

Ainsi, sans la modération de Moreau, c'est lui qui devait le premier porter dans Vienne les armes françaises; c'est là qu'il aurait pu signer l'armistice.

sante diversion sur le flanc droit et les derrières de l'armée française, et la forceraient peut-être à rétrograder jusqu'à la Salz ou l'Inn.

L'armée du Rhin avait le plus grand besoin de repos, et de voir rétablir parmi elle la subordination qui s'était relâchée. Depuis vingt-quatre jours elle n'avait cessé d'être en mouvement; elle avait toujours été en marche et s'était battue sans discontinuer. Le soldat pouvait s'abandonner à des désordres, sans qu'on eût le temps ni l'occasion de lui infliger la punition qu'il avait méritée. Tous les excès, les refus d'obéir demeuraient impunis, parce qu'on subordonnait tout au but principal qu'on voulait atteindre, battre l'ennemi et le suivre. Le soldat s'en apercevait si bien, qu'à la fin il se permettait, à l'égard de ses officiers, des choses pour lesquelles il eût été fusillé à une autre époque. Si cela eût continué encore quelque temps, il n'aurait plus été possible de réprimer les troupes; leur courage s'amollissait de jour à autre, et à cause de l'indiscipline qui régnait, le plus petit échec pouvait avoir des suites si fâcheuses, que l'armée aurait peut-être perdu tous ses avantages aussi rapidement qu'elle les avait acquis.

Enfin, le 25 décembre 1800 (4 nivôse an 9) furent arrêtées les remarquables conditions de l'armistice ainsi qu'il suit :

Sa Majesté l'Empereur et Roi voulant traiter de suite de la paix avec la République française, quelle que soit la détermination de ses alliés ; les généraux en chef de l'armée française et de l'armée impériale en Allemagne désirant arrêter, autant qu'il est en leur pouvoir, les maux inséparables de la guerre, sont convenus de traiter d'un armistice et suspension d'armes ; à cet effet ont chargé respectivement de pouvoirs spéciaux, savoir : le général en chef Moreau, le général de brigade Victor Faneau-Lahorie ; * et Son Altesse royale l'Archiduc Charles, le général-major comte de Grimm et le colonel Weinrother de l'état-major, lesquels ont arrêté ce qui suit :

ARTICLE PREMIER.

La ligne de démarcation entre la portion de l'armée gallo-batave en Allemagne, sous les ordres du général Augereau dans les

* La convention de Steyer a été insérée dans le Moniteur ; mais les noms géographiques y sont tellement dénaturés que plusieurs sont méconnaissables.

cercles de Westphalie, du Haut-Rhin, de Franconie jusqu'à Baïersdorff, sera déterminée particulièrement entre ce général et celui de l'armée impériale et royale qui lui est opposée.

De Baïersdorff cette ligne passe à Erlangen, Nuremberg, Neumark, Parsberg, Laber, Stadt-am-Hof et Ratisbonne, où elle passe le Danube, dont elle longe la rive droite jusqu'à l'Erlaph qu'elle remonte jusqu'à sa source ; passe à Marktgæming, Kogelbach, Gœslingen, Hammer, Mendling, Léopoldstein, Eisenerz, Vordernberg et Léoben ; suit la rive gauche de la Muhr jusqu'au point où cette rivière coupe la route de Salzbourg à Klagenfurt qu'elle suit jusqu'à Spital ; remonte la chaussée de Vérone par Lienz et Brixen jusqu'à Botzen ; de là passe à Meran, Glurns et Sainte-Marie et arrive par Bormio dans la Valteline où elle se lie avec l'armée d'Italie.

II.

La carte d'Allemagne, par Chauchard, servira de règle dans les discussions qui pourraient s'élever sur la ligne de démarcation ci-dessus.

III.

Sur les rivières qui sépareront les deux

armées, la section ou la conservation des ponts sera réglée par des arrangemens particuliers, suivant que cela sera jugé utile, soit pour le besoin des armées, soit pour ceux des communes; les généraux en chef des armées respectives s'entendront sur ces objets, ou en délégueront le droit aux généraux commandant les troupes sur ces points. La navigation des rivières restera libre tant pour les armées que pour le pays.

I V.

L'armée française occupera non-seulement exclusivement tous les points de la ligne de démarcation ci-dessus déterminés; mais encore pour mettre un intervalle continu entre les deux armées, la ligne des avant-postes de l'armée impériale et royale sera dans toute son étendue, à l'exception du Danube, à un mille d'Allemagne au moins de distance de celle de l'armée française.

V.

A l'exception des sauve-gardes ou gardes de police qui seront laissées ou envoyées dans le Tirol par les deux armées respectives, et en nombre égal, mais qui sera le

moindre

moindre possible (ce qui sera réglé par une convention particulière), il ne pourra rester aucunes autres troupes de Sa Majesté l'Empereur dans l'enceinte de la ligne de démarcation. Celles qui se trouvent en ce moment dans les Grisons, le Tirol et la Carinthie, devront se retirer immédiatement par la route de Klagenfurt sur Pruck, pour rejoindre l'armée impériale d'Allemagne, sans qu'aucunes puissent être dirigées sur l'Italie.

Elles se mettront en route des points où elles sont, aussitôt l'avis donné de la présente convention, et leur marche sera réglée sur le pied d'une poste et demie d'Allemagne par jour.

Le général en chef de l'armée française du Rhin est autorisé à s'assurer de l'exécution de cet article par des délégués chargés de suivre la marche des troupes impériales jusqu'à Pruck. Les troupes impériales qui pourraient avoir à se retirer du Haut-Palatinat, de la Souabe ou de la Franconie, se dirigeront par le chemin le plus court, au-delà de la ligne de démarcation.

L'exécution de cet article ne pourra être retardée sous aucun prétexte au-delà du temps nécessaire, eu égard aux distances.

V I.

Les forts de Kufstein et de Scharnitz et les autres points de fortifications permanentes dans le Tirol, seront remis en dépôt à l'armée française, pour être rendus dans le même état où ils se trouvent, à la conclusion et ratification de la paix, si elle suit cet armistice sans reprise d'hostilités.

Les défilés de Finstermünz, de Nauders et autres fortifications de campagne dans le Tirol, seront remis à la disposition del 'armée française.

V I I.

Les magasins appartenant dans ce pays à l'armée impériale, sont laissés à sa disposition.

V I I I.

La forteresse de Würtzbourg en Franconie, et la place de Braunau dans le cercle de Bavière, seront également remises à l'armée française, pour être rendues aux mêmes conditions que les forts de Kufstein et Scharnitz.

I X.

Les troupes, tant de l'Empire que de Sa Majesté impériale et royale, qui occupent les places les évacueront; savoir : la garnison de Würtzbourg, le 16 nivôse an 9 (6 janvier 1801); celle de Braunau, le 14 nivôse an 9 (4 janvier 1801); et celles des forts du Tirol, le 18 nivôse (8 janvier).

X.

Toutes les garnisons sortiront avec les honneurs de la guerre, et se rendront avec armes et bagages, par le plus court chemin, à l'armée impériale. Il ne pourra rien être distrait par elles de l'artillerie, munitions de guerre et de bouche et approvisionnemens en tous genres de ces places, à l'exception des subsistances nécessaires pour leur route, jusqu'au delà de la ligne de démarcation.

X I.

Des délégués seront respectivement nommés pour constater l'état des places dont il s'agit, mais sans que le retard qui serait apporté dans cette mission, puisse en entraîner dans l'évacuation.

X I I.

Les levées extraordinairement ordonnées dans le Tirol seront immédiatement licenciées, et les habitans renvoyés dans leurs foyers. L'ordre et l'exécution de ce licenciement ne pourront être retardés sous aucun prétexte.

X I I I.

Le général en chef de l'armée du Rhin, voulant de son côté donner à son Altesse l'Archiduc Charles, une preuve non équivoque des motifs qui l'ont déterminé à demander l'occupation du Tirol, déclare qu'à l'exception des forts de Kufstein, de Scharnitz et de Finstermünz, il se bornera à avoir dans le Tirol les sauvegardes ou gardes de police déterminées dans l'article V, pour assurer les communications. Il donnera en même temps aux habitans du Tirol toutes les facilités qui seront en son pouvoir pour leurs subsistances, et l'armée française ne s'immiscera en rien dans le gouvernement de ce pays.

X I V.

La portion du territoire de l'Empire et des états de Sa Majesté impériale comprise dans la ligne de démarcation, est mise sous la sauve-garde de l'armée française, pour le maintien et le respect des propriétés et des formes actuelles du gouvernement des peuples ; les habitans de ces pays ne seront point inquiétés pour raison de services rendus à l'armée impériale, ni pour opinion politique, ni pour avoir pris une part active à la guerre.

X V.

Au moyen des dispositions ci-dessus, il y aura entre l'armée gallo-batave en Allemagne, celle du Rhin et l'armée de Sa Majesté impériale et royale et de ses alliés dans l'Empire germanique, un armistice et une suspension d'armes qui ne pourra être moindre de trente jours. A l'expiration de ce délai, les hostilités ne pourront recommencer qu'après quinze jours d'avertissement, comptés de l'heure où la notification de rupture sera parvenue, et l'armistice sera prolongé indéfiniment jusqu'à cet avis de rupture.

X V I.

Aucuns corps ni détachement, tant de l'armée du Rhin que de celle de Sa Majesté impériale en Allemagne, ne pourront être envoyés aux armées respectives en Italie, tant qu'il n'y aura pas d'armistice entre les armées française et impériale dans ce pays.

L'inexécution de cet article sera regardée comme une rupture immédiate de l'armistice.

XVII.

Le général en chef de l'armée du Rhin fera parvenir, le plus promptement, la présente convention aux généraux en chef de l'armée gallo-batave, des Grisons et de l'armée d'Italie, avec la plus pressante invitation, particulièrement au général en chef de l'armée d'Italie, de conclure, de son côté, une suspension d'armes.

Il sera donné en même temps toute facilité pour le passage des officiers et courriers que Son Altesse royale l'Archiduc Charles croira devoir envoyer dans les places à évacuer, ou dans le Tirol, ou en général dans le pays compris dans la ligne de démarcation, durant l'armistice.

Fait double à Steyer, le 4 nivôse de l'an 9 (25 décembre 1800.)

(*Suivent les signatures.*)

Les hostilités cessèrent le même jour dans toute l'armée du Rhin, et le soir Moreau vint à Steyer. C'est ainsi que se termina une des plus glorieuses, des plus extraordinaires et des plus mémorables campagnes que l'on eût vues depuis la guerre de la révolution ; dans aucune des autres, l'histoire n'offre d'exemple qu'en vingt-six jours une armée aussi nombreuse que celle des Autrichiens, ait pu être tellement réduite et tellement dissoute, qu'elle ne pouvait plus opposer aucune résistance. Le désordre dans lequel notre armée fit sa retraite en Italie, lorsque Scherer la commandait, était effrayant ; mais il ne pouvait être comparé à la déroute des ennemis dans cette campagne. Aussi tout paraissait-il conjuré contre eux, et la saison contribua encore à leur perte.

D'un autre côté, l'armée française avait tout ce qui pouvait lui assurer des victoires. A sa tête était un général plein d'expérience et de talens. Sous lui servaient avec zèle des généraux qui lui étaient étroitement unis par l'estime et l'amitié. L'armée était bien vêtue et bien nourrie ; elle était composée d'une courageuse et ardente jeunesse ; elle était pourvue de tout ce qui lui était nécessaire. Peut-être l'administration aurait-elle pu être placée en de meilleures mains? mais l'œil clairvoyant de Moreau ne souffrait pas qu'il s'y passât rien de nuisible à l'armée. L'harmonie la plus rare et la plus remarquable régnait parmi les chefs. La jalousie ne s'était pas glissée entre ces guerriers; lorsqu'il arriva que quelqu'un d'entre eux en sentit les mouvemens, Moreau savait faire servir à l'avantage commun cette passion si dangereuse dans un général.

Remarquons encore que Moreau n'a jamais servi ses intérêts au détriment des pays ennemis qu'il occupait. Sous ce rapport, Moreau est un exemple bien rare parmi les plus grands guerriers. Ce ne sont point des vues privées, ni une fausse ambition, ni un vain désir de gloire qui l'ont stimulé. Son ame est pure, noble et élevée comme ses conceptions. Il ne veut et ne désire que l'amélioration du sort de sa patrie; aucun sacrifice ne lui coûterait pour y parvenir. Il n'a jamais considéré la révolution comme un moyen de s'élever. Je suis donc intimement convaincu qu'après la fin de cette révolution, la paix de sa conscience sera sa meilleure récompense d'avoir contribué à la grandeur de la France, et que, bien loin de chercher à prendre part au gouvernement de l'Etat, il cherchera, dans un cercle étroit d'amis, le bonheur et la tranquillité.

FIN.

www.ingramcontent.com/pod-product-compliance
Ingram Content Group UK Ltd.
Pitfield, Milton Keynes, MK11 3LW, UK
UKHW012042240726
13965UKWH00003B/970

9 782012 479456